Reise durch

B A D E N

Bilder von
Martin Schulte-Kellinghaus
und Erich Spiegelhalter

Texte von
Hubert Matt-Willmatt

Stürtz

INHALT

Erste Seite:
Die Triberger Wasserfälle stürzen in sieben Stufen aus 163 Metern Höhe gischtsprühend in die Uhrenstadt hinunter und gelten als die höchsten Deutschlands.

Vorherige Seite:
Vom Freiburger Lorettoberg hat man freie Sicht auf die Altstadt und auf ihre Türme: ganz links das Martinstor, dann

die Johanniskirche und rechts das Münster „Unserer lieben Frau", das in 300-jähriger Bauzeit von 1218–1513 entstand.

Unten:
In Baden nehmen die kulinarischen Köstlichkeiten einen hohen Rang ein – weltweit bekannt gehört dazu auch die Schwarzwälder Kirschtorte. Nur in drei evangelischen Orten im Gutachtal wird der Bollenhut getragen; die unverheirateten Mädchen mit roten und die verheirateten Frauen mit schwarzen Bollen.

Seite 10/11:
Oberbergen am Kaiserstuhl – das Weinland Baden umfasst etwa 16 000 Hektar Rebfläche und reicht vom Bodensee bis nach Franken.

WO DIE SONNE AM LÄNGSTEN

Das Vesper diente den Bauern meist als Zwischenmahlzeit am Nachmittag – heute sind geräucherter Schweinespeck und -schinken sowie ein herzhaftes Bauernbrot mit einem süffigen badischen Bier ein immer willkommener Anlass zur Einkehr.

„Das schönste Land in Deutschlands Gau'n,
das ist mein Badnerland!
Es ist so herrlich anzuschau'n
und ruht in Gottes Hand!"

Mit diesen Zeilen beginnt das Badnerlied, das in den letzten Jahren wieder eine gewisse Renaissance erlebt. Es wird in den Fußballstadien des SC Freiburg und Karlsruher SCs und auch bei eher privaten Feiern gesungen. Ein Freiburger Oberbürgermeister hatte immer einen Geldschein in der Jackentasche, mit dem er jeden Musikverein auffordern konnte, das Badnerlied zu spielen. 613 gesammelte Strophen hat es, und manche mit recht derbem Inhalt, besonders wenn es darin um die ‚Schwaben' geht. Doch jedem demokratisch gesinnten Badener, also jedem Badener, stößt es bitter auf, wenn es darin heißt: „In Rastatt steht die Festung und das ist Badens Glück", denn genau dort wurde die Badische Revolution 1849 von preußischen Truppen blutig niedergeschlagen – so hat man kurzerhand den Text aktualisiert und singt nun: „In Rothaus steht die Brauerei und das ist Badens Glück."

Kriegerisch veranlagt war der Badener nie, nur Napoleon presste ihn bis nach Russland – das war aber der Preis, der bezahlt werden musste, um das Land Baden überhaupt auf der Landkarte erscheinen zu lassen. Mürrisch wird der Badener werden, wenn er als ‚Badenser' bezeichnet wird oder, noch weiter von den heimischen Gefilden entfernt, gar als Schwabe.

Nicht nur vor Gasthäusern und in Schrebergärten flattert heute die badische gelb-rot-gelbe Fahne als weithin sichtbares und identitätsstiftendes Zeichen. Der Badener ist dabei nicht chauvinistisch oder nationalistisch. Das Gegenteil ist eher der Fall – der Badener ist weltoffen. Die Staatsgrenzen am Rhein empfindet er nicht als solche. Die Elsässer in Frankreich sind seit langem ohne

SCHEINT – BADEN

lästige Zöllner zu besuchen, zudem versteht man sich im alemannischen Dialekt – Straßburg und Colmar sind in allen Beziehungen näher als Stuttgart. Die nahe Schweiz ist nicht nur Basler Zoo und ‚Morgestraich', sondern bietet zahlreiche Arbeitsplätze für Grenzpendler. Baden ist zwar weit weg von Berlin, aber keinesfalls Provinz, aus der man nicht wegkäme. Zahlreiche Flughäfen bieten jederzeit die Möglichkeit, in die weite Welt zu fliegen. Es scheint sich jedoch zu bewahrheiten: Je größer die staatlich-politischen und wirtschaftlichen Einheiten werden, desto eher besinnt man sich auf die eigene Geschichte und damit auf das typisch ‚Badische'. Doch was ist das?

EINE VERZWICKTE FAMILIE

„Baden", schrieb der Kulturphilosoph Wilhelm Hausenstein einmal, „ist eine etwas verzwickte Familie". Denn erst 1806 mit dem Großherzogtum durch Napoleons Gnaden kann man von Baden in einer zusammenhängenden staatlichen Form sprechen. Und so war Joseph Bader, der 1834 zum ersten Male eine ‚Badische Landes-Geschichte' verfasste, zunächst etwas ratlos:

„Ich muss hier eine besondere Schwierigkeit erwähnen, die dem Bearbeiter der badischen Landesgeschichte im Wege liegt. Unser Großherzogtum ist kein Staat, der wie etwa Hessen oder Baiern, einen besonderen deutschen Volksstamm umfasst, sondern seine Bevölkerung besteht aus Abkömmlingen theils der Allemannen oder Schwaben, theils der Franken. Ferner ist es ein ganz neuer Staat, zusammengesetzt (...) aus dem ehemaligen Vorderösterreich, aus der Markgrafschaft Baden und der Pfalz. Diese Fürstenthümer aber haben selbst eine oft überaus dunkle und verwirrte Bildungsgeschichte und mitten unter ihnen lagen außerdem eine Menge bald reichsstädtischer, bald geistlicher, bald adliger Territorien."

Und in der jüngsten Vergangenheit wurde die Geschichte noch verzwickter, denn vor allem nach 1945 nahm der deutsche Südwesten zahlreiche Flüchtlinge und Vertriebene auf, die sprachlich mit ihren Dialekten und mit unterschiedlichem kulturellen Hintergrund ‚Baden' und die badische Familie um weitere Angehörige bereicherten.

Schon immer waren der Rhein und die angrenzenden Gebiete besiedeltes Kulturland. Der ‚homo heidelbergensis' von vor rund 500 000 Jahren legt davon Zeugnis ab, wenn auch nur sein Unterkiefer erhalten blieb. Die Kelten mit ihren Kultstätten wurden von den

Etliche Schwarzwaldmühlen wie die Hexenlochmühle bei Furtwangen im Schwarzwald haben die Zeit überlebt – oberschlächtige Wasserräder, bei denen das Wasser von oben auf das Mühlrad fällt, sind im Winter vom Eis verzaubert.

Römern abgelöst und diese keltisch-römische Kultur mit ihren Villen, Siedlungen, Kastellen, Bade- und Tempelanlagen sowie einem weit verzweigten Straßensystem ist von Kaiseraugst über Straßburg bis Mainz, von Hüfingen bis Rottweil an zahlreichen Ausgrabungsstellen nachzuweisen. Alemannen und Franken vertrieben in langen Kämpfen die römischen Besatzer. 496 besiegte der Frankenkönig Chlodwig die Alemannen und drängte sie über die Murg, die nun zum ‚Grenzfluss' und zur Sprachgrenze zwischen beiden wurde. Kirchen und Kapellen, Klöster und Münster wurden als sichtbare Zeichen der Christianisierung errichtet, die vor allem durch irische Mönche erfolgte.

ZÄHRINGER UND HABSBURGER

Die sich nun herausbildenden Geschlechter der Zähringer und der Habsburger waren für das Gebiet des späteren Baden entscheidend. Berthold II. gründete die Zähringerburg bei Freiburg und nannte sich als erster ‚Herzog von Zähringen'. Hermann II. benannte sich nach seiner Burg Hohenbaden über Baden-Baden zum ersten ‚Markgrafen von Baden'. 1368 kam der Breisgau durch Kauf an die Habsburger, die von 1648 bis 1805 Freiburg und Ensisheim als Verwaltungssitz der vorderösterreichischen Lande bestimmten. Österreichische Nonchalance und Lebensgefühl haben bis in den Kochtopf hinein den Badener geprägt. Die Fürstenberger waren im Süden dominierend, an der Tauber herrschten die Grafen von Wertheim. Die Bischöfe von Würzburg, Worms, Mainz, Speyer und Straßburg übten ihre Herrschaft aus – freie Reichsstädte wie Konstanz und Gengenbach vervollständigten das ‚verzwickte' Familienbild. Ab 1535 teilte sich die badische Markgrafschaft zudem in eine katholische (Markgraf von Baden-Baden) und eine evangelische Linie (Markgraf von Baden-Durlach). Mit Bernhard II. (gestorben 1458) hat Baden auch seinen Heiligen, der vom Papst selig gesprochen wurde, da auf seinem Grabe Wunder geschehen sein sollen. Die Baden-Badener Linie ist 1771 mit Markgraf Ludwig Wilhelm und seiner Frau Sibylla

Augusta erloschen – doch der ‚Türkenlouis' tat sich ab 1683 bei der Schlacht gegen die Türken vor Wien als kaiserlicher Oberbefehlshaber hervor. Das nach dem Vorbild von Versailles erbaute Barockschloss in Rastatt und vor allem das Lustschloss Favorite sind ihr bleibendes Vermächtnis. Markgraf Karl Friedrich (1738–1811) schließlich wurde erster Großherzog von Baden. Während der Koalitionskriege und bei der Gründung des Rheinbundes war er freiwillig-unfreiwillig immer auf der richtigen Seite und wurde von Napoleon belohnt. Baden vergrößerte sein Staatsgebiet um das Siebenfache auf rund 16 000 Quadratkilometer und verneunfachte auf einen Schlag seine Bevölkerung auf eine Million Einwohner.

DIE GELBFÜSSLER

Wohl nie in der Geschichte war der Satz berechtigter, dass nicht ein Volk sich seinen Staat bildete, sondern der Staat (und gemeint ist hier der badische von 1806) sich sein Volk zusammenstellte. Zur Landesfahne wurde ein roter Schrägbalken in einem goldenen Feld bestimmt – das Wappen Rudolfs II. – gelb-rot-gelb! Und die Badener hatten seitdem ihren Übernamen als ‚Gelbfüßler' weg! Das großherzogliche Haus war evangelisch, die ehemals vorderösterreichischen Lande katholisch – und sprachlich hätten die Landeskinder wohl gewisse Schwierigkeiten gehabt, sich alle zu verstehen. In der ‚Brigantenstadt' Karlsruhe spricht man eher breit und gemütlich langsam, der Pfälzer Einschlag der ‚Mannemer Bloomäuler' ist dort noch zu hören. Allen dialektalen Unkenrufen zum Trotz sitzt heute in Mannheim die Duden-Redaktion und wacht über Rechtschreibreformen, die es nur in einer Schriftsprache geben kann. Die ‚Pforzemer' reichen sprachlich schon eher ins Schwäbische. In ‚Badisch-Sibirien' – im kalten Frankenland, tönt es eben fränkisch. Südlich der Murg wird das Sprachgebiet alemannisch und je südlicher, je gutturaler bis hinüber zu den ‚Seehasen'. Johann Peter Hebel hat in Karlsruhe in seinem vertrauten alemannischen Dialekt zu schreiben begonnen und wurde Badens erster und bedeutendster Dialektautor, dessen volkstümliche Anekdoten und Kalendergeschichten des ‚Rheinländischen Hausfreundes' Eingang in die deutsche Literatur gefunden haben. Was sich heute so gemächlich und bieder liest, bot immerhin 1814 der großherzoglichen Obrigkeit Anlass zur Zensur; der damalige Kalender wurde kurzerhand verboten.

Das fürstbischöfliche Schloss in Bruchsal wurde von 1722 bis 1735 erbaut – aus der so genannten Dunklen Grotte gelangt man über die von Balthasar Neumann gestaltete Barocktreppe in die Helle der Beletage – beim stufenweisen Gang von der Hölle in den Himmel zeigt sich barockes Lebensgefühl.

GROSSHERZOGLICHE TOLERANZ

Ansonsten hielten es die Großherzöge mit der Toleranz – eine ‚badische' Lösung anzustreben ist heute noch im politischen Bereich nicht nur ein geflügeltes Wort, sondern gelebtes Tagwerk. 1810 wurde in Anlehnung an den Franzosenkaiser und dessen ‚Code civil' das Badische Landrecht geschaffen, 1818 wird dann die Badische Verfassung als konstitutionelle Staatsordnung mit einem Zweikammersystem verkündet, dessen zweite Kammer vom Volk mit einem relativ modernen Wahlrecht bestimmt wurde. Von 1820 bis 1822 erbaute man in Karlsruhe das erste deutsche Parlamentsgebäude, schuf die ersten Schwurgerichte auf deutschem Boden und erließ 1831 freiheitliche Pressegesetze. Noch heute besteht in Baden eine vielfältige Zeitungs- und Medienlandschaft, und in Offenburg hat einer der größten deutschen Medienkonzerne seinen Stammsitz. Badens Großherzöge erlaubten eine Entwicklung, die dem Land das Prädikat eines toleranten und wohlgeordneten ‚Musterländles' einbrachte. Mit der Bildung des Landes Baden nannte man nun auch zwei renommierte Universitäten in Freiburg und Heidelberg sein Eigen und gründete 1825 zusätzlich die erste technische Hochschule in Karlsruhe.

Ein Kriminalfall aus jener Zeit erregt bis heute die Gemüter: Kaspar Hauser, der 1828 in Nürnberg aus dem Nichts auftauchte und später als junger Mann ermordet wurde, soll ein Sohn des Großherzogs Karl und seiner Frau Stephanie de Beauharnais, der Adoptivtochter Napoleons, gewesen sein. Stephanie gebar, soviel ist sicher, am 29. September 1812 einen gesunden Jungen – den ersehnten Thronfolger. Wenige Tage später stirbt er ohne Namen und notgetauft. Damit war die männliche Linie aus der ersten Ehe des Großherzogs Karl Friedrich ausgestorben und die männliche Linie aus seiner zweiten Ehe mit Luise Geyer von Geyersberg wäre zum Tragen gekommen. Karl Friedrich war die nicht ebenbürtige Liaison mit fast 60 Jahren eingegangen und hatte mit Leopold, Wilhelm und Maximilian zu diesem Zeitpunkt

schon drei Söhne in die Welt gesetzt. Interesse am ‚Tod' des legitimen Thronfolgers wurde deshalb der später vom Kaiser zur Reichsgräfin ernannten Luise mit zahlreichen Belegen unterstellt. Endgültige Beweise, dass Kaspar Hauser der vermutete badische Prinz gewesen ist, hat aber auch eine von einem großen deutschen Nachrichtenmagazin 1996 veranlasste DNS-Untersuchung nicht erbringen können.

Kunst und Kultur gerieten trotz der ungeklärten badischen Thronfolgefrage nicht ins Hintertreffen, im Gegenteil. Zu den 500 Bediensteten des großherzoglichen Hofstaates gehörten 1844 noch annähernd 200 Mitglieder des Hoftheaters in Karlsruhe. Schon 1855 führte man Wagners ‚Tannhäuser' auf. Nicht ohne traditionsbewussten Stolz verweist man darauf, dass der junge ‚Schwabe' Schiller 1782 erst in Mannheim seine ‚Räuber' wie auch andere Stücke uraufführen lassen konnte. 1854 gründete man in Karlsruhe die Kunstschule zur Förderung des Künstlernachwuchses. Der neue Staat repräsentierte sich in der Architektur öffentlicher Gebäude – bis 1830 gingen alle Bauwerke auf Friedrich Weinbrenners Klassizismus zurück und danach auf dessen Nachfolger Heinrich Hübsch und seinen romantisch-biedermeierlichen Stil.

Eine gewaltige Neuerung bedeutete der Bau der Eisenbahn, die 1840 mit der Strecke zwischen Mannheim und Heidelberg eröffnet wurde. Karlsruhe, Mannheim und Kehl wurden Zentren der beginnenden industriellen Produktion – der Ausbau des Rheins als Schifffahrtsstraße und die Erstellung von Hafenanlagen eine gleichzeitige wirtschaftliche Notwendigkeit. Bedeutende Firmen wie Suchard in Neuenburg und Lörrach, Maggi in Singen, Tesa in Offenburg, Schiesser in Radolfzell, Grohe in Schiltach und Duravit in Hornberg, die Pforzheimer Schmuckindustrie und das Markgräfler Textilgewerbe wurden nach und nach gegründet.

AUFLEHNUNG GEGEN UNTERDRÜCKER

Den Begriff der Freiheit wollte man in diesem Landstrich schon immer mit konkretem Leben gefüllt sehen und hat sich deshalb konsequent gegen alle Unterdrücker aufgelehnt. 1525 begann der deutsche Bauernkrieg in Stühlingen unter der Führung Hans Müllers von Bulgenbach. Schon seit dem 14. Jahrhundert hatten die Bauern gegen ungerechte Abgaben revoltiert – 1460 nahm die Bundschuhbewegung im Hegau ihren Anfang.

Dienstleistungen sollten nach ‚Gewohnheit und Billigkeit' und nicht nach Ermessen der Herren geleistet werden. Ab 1503 griff Joß Fritz die Ideen des Bundschuhs wieder auf und forderte die ‚Vernichtung aller Obrigkeit'. Im Hotzenwald verweigerten 1719 die Freibauern, die sich um den Salpetersieder Johann Friedolin Albietz scharten und sich deshalb Salpeterer nannten, dem Abt in St. Blasien den Gehorsam und beriefen sich auf ihre alten Freiheitsrechte – ihr Kampf endete 1755 mit der Verbannung von 112 Personen in das Banat (Gebiet zwischen Donau, Theiß und Maros) im heutigen Rumänien.

Es sollte jedoch nicht mehr lange dauern und alle demokratischen Verfassungsbemühungen des badischen Staates wurden in ihren Grundfesten erschüttert. Von Frankreich aus schwappten die Wellen der Februarrevolution 1848 über die badische Grenze und im März forderten liberale Abgeordnete eine demokratische Staatsform – die Mannheimer und die Offenburger Erklärung nahmen in ihre Forderungen zum ersten Mal in Deutschland die Grund- und Menschenrechte mit auf. Karl von Rotteck prägte den Spruch: „Lieber Freiheit ohne (deutsche) Einheit als Einheit ohne Freiheit." Den badischen Revolutionären ging die Entwicklung zu langsam und so rief Friedrich Hecker im April 1848 die erste deutsche Republik in Konstanz aus – seine Initiative scheiterte, wie auch die späterer Aufständischer, gegen militärische Übermacht. Trotzdem fühlte sich Großherzog Leopold in seiner Residenz nicht mehr sicher und ergriff die Flucht. In seiner Not rief er die Truppen des Deutschen Bundes zur Hilfe: Prinz Wilhelm von Preußen, der spätere Kaiser Wilhelm I., rückte mit 35 000 Mann preußischem Militär in Baden ein und schlug zuletzt in Rastatt den Aufstand des badischen Heeres blutig nieder. „Schlaf mein Kind schlaf leis, dort draußen geht der Preuß, deinen Vater hat er umgebracht, die Mutter hat er arm gemacht und wer nicht schläft in stiller Ruh, dem drückt der Preuß die Augen zu", heißt es in einem badischen Wiegenlied. Denn über ganz Baden wurde das Standrecht verhängt, zahlreiche Revolutionäre hingerichtet – vielen gelang, wie Hecker, zuerst die Flucht in die Schweiz und danach in das Land der Freiheit: nach Amerika.

Die wirtschaftliche Situation auf dem Lande hatte sich besonders nach einer Hungersnot 1846 so verschlechtert, dass über eine halbe Million Menschen ihr Heil in der Auswanderung sahen – Amerika war, zumal nach der gescheiterten Revolution, das bevorzugte

Die Grinden – zum Teil moorige Hochflächen wie hier an der Schwarzwald Hochstraße – werden von vierbeinigen Rasenmähern naturnah gepflegt und in ihrem Bestand erhalten.

Ziel, doch Badener suchten ihr Glück von Algerien bis Venezuela. Durch die Förderung von Sonderkulturen versuchte man die Auswanderung zu stoppen – Baden besaß die größte Anbaufläche an Tabak in deutschen Landen, Zigarren wurden in Heimarbeit gedreht und seit 1920 stellte die Badische Tabakmanufaktur in Lahr die Zigarettensorten Roth-Händle und Reval her.

Es ist sicherlich eine Ironie des Schicksals, dass es 1871 Großherzog Friedrich I. war, der das erste Hoch auf den deutschen Kaiser Wilhelm, seinen Schwiegervater, im Spiegelsaal des Schlosses zu Versailles ausbrachte und es Prinz Max von Baden als letztem Reichskanzler 1918 überlassen war, den Thronverzicht Kaiser Wilhelms II. zu verkünden. Wenige Tage später verzichtete auch Großherzog Friedrich II. auf Amt und Würden. Mit Friedrich Ebert, Konstantin Fehrenbach und Josef Wirth bezogen badische Politiker während der Weimarer Republik eindeutig demokratische Position, und es war der Freistaat Baden, in dem die ersten deutschen Wahlen zur Nationalversammlung stattfanden.

NEUREGELUNG DER LÄNDER

Als Bundespräsident Gustav Walter Heinemann die Schaffung einer ‚Erinnerungsstätte für die deutschen Freiheitsbewegungen' anregte, war es nur folgerichtig, diese in Baden und 1974 in Rastatt anzusiedeln. Vielleicht auch als Ausgleich dafür, dass die damalige bundesdeutsche Politik die badische Volksseele bei der Neuregelung der Länder nach 1945 im Stich gelassen hatte. Ausgangspunkt aller Schwierigkeiten war die Besetzung Südbadens durch die Franzosen und Nordbadens durch die Amerikaner.

(Süd-)Badischer Staatspräsident wurde Leo Wohleb, dessen Politik es war, ein geeintes Baden als selbstständiges Bundesland zu bilden. Eine Volksbefragung wurde 1951 abgehalten, bei der sich 62,2 Prozent der Südbadener für eine derartige Konstellation aussprachen. Da die drei anderen Wahlbezirke Nordbaden, Nordwürttemberg und Südwürttemberg-Hohenzollern sich mit

Die Fachwerkstadt Mosbach war bis 1499 Residenz der „Kleinen Pfalz“ und ist der Startpunkt der Deutschen Fachwerkstraße mit ihrem süddeutschen Teilstück vom Neckar zum Schwarzwald und Bodensee. Am Marktplatz fällt dem Besucher das Palmsche Haus von 1610 ins Auge, das im fränkischen Stil erbaut wurde.

69,7 Prozent gegen ein solches Unterfangen aussprachen, sah man sich besonders in Stuttgart dem Ziel eines Südweststaates näher, der dann 1952 mit dem Namen Baden-Württemberg gegründet wurde. Wohleb musste zerknirscht zurücktreten und wurde Gesandter in Lissabon. Zählte man aber bei jener Abstimmung nur die Stimmen aus Süd- und Nordbaden zusammen, so ergab sich eine eindeutige Mehrheit für die Bildung eines Staates Baden. Der ‚überspielte Volkswille‘ sollte nach einem Urteil des Bundesverfassungsgerichtes von 1956 mit einer nochmaligen Abstimmung nur in Baden überprüft werden. Diese Abstimmung wurde in Bund und Land bis 1970 verzögert und brachte dann ein eindeutiges Votum für den ‚Bindestrichstaat‘ – die Macht des Faktischen hatte überzeugt. Heute ist Baden in die beiden Regierungsbezirke Karlsruhe und Freiburg aufgeteilt.

Badische Unbotmäßigkeit blitzte ab 1975 in der Auseinandersetzung der Winzer vom Kaiserstuhl zusammen mit den Studenten aus Freiburg um den geplanten Bau eines Kernkraftwerkes in Wyhl wieder auf, wo man sich auf eben jene badischen demokratischen Traditionen berief, ‚lieber aktiv als radioaktiv‘ sein wollte und das Heckerlied mit neuem Text versehen wurde: „Wenn die Leute fragen, lebt der Hecker noch, sollt ihr ihnen sagen, ja klar, der lebet noch; wir lernen die Geschichte doch nicht für die Katz – drum hocken viele Hecker auf dem besetzten Platz ...“ Das kleine Dorf steht mit der gelungenen Verhinderung des AKW für eine bundesweite Energie-Diskussion und mit der Gründung der ‚grünen‘ Partei in Karlsruhe kamen neue Aspekte in die Politik.

EIN GESEGNETES LAND

Der Badener hängt sehr an seiner Landschaft, die sicherlich zu den schönsten in Deutschland gehört. Karl Julius Weber machte 1826 eine Reise durch das Großherzogtum und schrieb: „Baden ist ein gesegnetes Land, das alles hat, was der Mensch braucht, um reich, glücklich und zufrieden zu sein.“ Der hohe Freizeitwert wird auch

heute von Einheimischen und Besuchern geschätzt. Bodensee und Schwarzwald, Kraichgau, Kaiserstuhl und Markgräflerland sind touristische Marken – jährlich zählt man an die 35 Millionen Übernachtungen in diesen Ferienregionen. Unter den aktiven Freizeitmöglichkeiten ragt besonders das Wandern hervor. Der Schwarzwaldverein wurde 1864 gegründet und hat zusammen mit anderen Wandervereinigungen ein dichtes Netz von Wanderwegen ganz neu beschildert. Zahlreiche Radwege, wie entlang des Rheins oder Neckars oder rund um den Bodensee, sind ebenfalls perfekt ausgeschildert. Vom Segeln bis zum Gleitschirmfliegen ist in Baden alles möglich. Zudem ist hier Deutschlands beliebtester Freizeitpark, der Europa-Park in Rust.

Museen, Kirchen und Klöster, Burgen und Schlösser wollen besichtigt sein und Dampfzüge erfreuen nicht nur Kinderherzen. Besonders an kirchlichen Festtagen sieht man zahlreiche Trachten, die gegen 1900 noch vom Aussterben bedroht waren. Pfarrer Heinrich Hansjakob setzte alles daran, sie in der überlieferten Form zu erhalten – in Karlsruhe und anderen Orten fanden Trachtenumzüge statt, die das Brauchtum lebendig hielten. Der Landesverein der Badischen Heimat wurde gegründet, der es sich seitdem zum Ziel setzt, die badischen Traditionen weltoffen zu erhalten.

Und der heimische oder zugezogene Badener genießt unter der Sonne, die hier am längsten und am wärmsten scheint, sein Viertele Wein, die unübertroffene badische Küche und erfreut sich an einem Satz Karl Julius Webers von 1826: „Das Großherzogtum Baden kann man mit noch mehr Recht das Eden Deutschlands nennen, als Württemberg."

Seite 22/23:
Der Thurner auf rund 1000 Metern Höhe bei St. Märgen hat seinen Namen von der Poststation der „Thurn und Taxis", an die heute noch das Thurnerwirtshaus erinnert. Mit einer Langlauf-Rundloipe bietet die Thurnerspur ein pures Naturerlebnis.

Seite 24/25:
Wo Main und Tauber zusammenfließen, liegt im badischen Bauland Wertheim, über dem die Ruine des Grafenschlosses aus dem 12. Jahrhundert thront. Die Grafen waren bis ins 16. Jahrhundert Herren der Stadt, bis sie sich in der Linie Löwenstein-Wertheim verzweigten. Wertheim wurde erst 1806 badisch.

RIVER ODYSSEY

RIVER DUCHESS
BASEL
CH
CH

WILDE SCHLUCHTEN, DICHTE WÄLDER UND

„Z'Friburg in der Stadt – sufer isch's und glatt", reimte der alemannische Dichter Johann Peter Hebel (1760 – 1826) über die Hauptstadt Südbadens, deren Silhouette vom durchbrochenen gotischen Turm des Münsters geprägt wird. Von 1200, als Herzog Berthold IV. den Grundstein legte, baute man am Münster bis ins 16. Jahrhundert.

Wie (fast) jeden Abend auf der Wetterkarte zu sehen, liegt Südbaden in Deutschlands wärmster und sonnigster Ecke. Die Grenze zu Frankreich am Oberrhein wird von den Weinlagen des Markgräflerlandes, des Kaiserstuhls und der Ortenau gesäumt; überaus fruchtbar ist das gesamte Rheintal! Der Hochrhein bildet mit den vier Waldstädten Bad Säckingen, Waldshut-Tiengen, Laufenburg und Rheinfelden den Übergang zur Eidgenossenschaft. Weltweit bekannte Ferienregionen wie der Schwarzwald und der Bodensee gehören, wenn auch nicht in Gänze, zu Südbaden und bilden einen wichtigen Bestandteil des regionalen Einkommens. Wilde Schluchten, dichte Wälder, Kuckucksuhren, Bollenhut und Kirschwasser stehen für ein unverwechselbares Image, das durch die kulturellen Höhepunkte der Klostergründungen wie auf der Reichenau ergänzt wird.

Fast alle Flüsse wie die Kinzig, die Murg oder die Wutach fließen in den Rhein – die europäische Wasserscheide bedingt, dass die Donau aber ins Schwarze Meer mündet.

Hauptstadt ist zweifelsohne die Bischofsstadt Freiburg – heute eher bekannt als radelnde, fußballbegeisterte und vor allem grüne Solar-Großstadt. Zwischen der ehemaligen Konzilsstadt Konstanz am See, Lörrach bei Basel und der Medienstadt Offenburg dominieren eher mittelständische Betriebe und nach wie vor zahlreiche in Streusiedlung erbaute landwirtschaftliche Gehöfte das Bild. Der 1495 Meter hohe Feldberg und die geologisch einzigartige Wutachschlucht zählen zu den Naturschönheiten. Zwischen der heutigen Doppelstadt Villingen und Schwenningen verläuft die ehemals badisch-schwäbische Grenze. Mit unterschiedlichen Vorwahlen und heftigen Auseinandersetzungen über Standorte gemeinsamer Einrichtungen gibt es dort immer wieder praktischen Anschauungsunterricht über das Funktionieren des Bindestrichlandes Baden-Württemberg.

Links oben:
Auf mächtigen Pfeilern ruht das Münster von Freiburg und beeindruckend sind die Innenmaße des Bauwerks: Länge 125 Meter, Breite 30 Meter, Höhe 27 Meter.

Links Mitte:
Stifter der Glasfenster waren die Handwerkerzünfte – hier die heilige Katharina im Schneiderfenster um 1220/30.

Links unten:
Madonnenfigur vom Ende des 13. Jahrhunderts an der Innenseite des Hauptportals, bei der das Kind mit der Hand Marias spielt.

Unten:
Schon im 13. Jahrhundert gab es am ehemaligen Franziskanerkloster ein Gotteshaus – an der Martinskirche mit ihrem Turm vor dem Münster war der Volksschriftsteller und Politiker Heinrich Hansjakob von 1884 – 1913 Stadtpfarrer.

Rechts Mitte:
Der tägliche Münstermarkt in Freiburg – mit strenger Ordnung, rechts vom Münster die Händler und links davon die Bauern mit ihren eigenen Erzeugnissen.

Rechts oben:
Der Wasserspeier symbolisiert und prangert vielleicht auch die Schamlosigkeit an, wehrt aber mit seinem blanken Hinterteil auch das Böse ab.

Rechts unten:
Im Hauptportal des Münsters wird eine Schau der gesamten Geschichte geboten, von der Erschaffung der Welt bis hin zum Jüngsten Gericht.

Rechts:
Es gibt, so ein Freiburger Bonmot, nur zwei Sorten von Menschen, solche, die nach Freiburg wollen und solche, die schon da sind – Freiburg verbindet das kulturelle und junge Leben einer Großstadt und die Behäbigkeit einer Kleinstadt mit idyllischen Wohnmöglichkeiten.

Unten:
Zahlreiche Ecken wie hier am Annaplatz bieten Möglichkeiten zum Rückzug oder zu einem Plausch.

Oben:
Im Stadtteil der Wiehre dominieren Bauten des Klassizismus und Jugendstils – und erreichen die „Grünen“ Wahlergebnisse von an die 40 Prozent.

Links:
Das Wassernetz der Freiburger „Bächle“ ist sieben Kilometer lang und wird von der Dreisam gespeist – jeden Tag wird es von den „Bächleputzern“ gereinigt.

Ganz links:
Südländisches Flair beim Eingang zur Markthalle.

Durch das Martinstor von Freiburg (rechts im Bild) führt die weihnachtlich beleuchtete Kaiser-Joseph-Straße, benannt nach dem österreichischen Kaiser Joseph. Das Martinstor wurde von 1901 bis 1903 repräsentativ aufgestockt und ist mit dem Schwabentor das letzte der erhaltenen Stadttore.

Linke Seite:
Zu den beliebtesten Stadtteilen von Freiburg zählt Herdern. Besonders von den höher gelegenen und bevorzugten Wohnlagen hat man einen herrlichen Blick auf die Innenstadt und weiter zum Schönberg.

In Günterstal bei Freiburg begründeten die Zisterzienser 1221 mit einem Frauenkonvent die klösterliche Tradition. Die Kongregation der Benediktinerinnen von der heiligen Lioba (1927 gegründet) führt die klösterliche Tradition bis heute weiter. Im Gästehaus ist ein Aufenthalt auf Zeit gegen Mitarbeit in Haus und Garten und eine Spende willkommen.

VON BÄRLAUCHSUPPE BIS ZWIEBELKUCHEN –

Eine Fahrt durch das badische Land ist eine Fahrt entlang traditioneller Dorfgasthäuser, in deren Namen Hirsch, Ochse, Löwe, Engel, Adler, Stern, Post, Kreuz, Bär, Wilder Mann und Krone vorkommen, oder die einfach nur ‚Stube' heißen. Zum Teil leiten sich die Bezeichnungen der meist in Kirchennähe befindlichen Wirtshäuser von den Evangelisten ab, denen man die Tiere zuordnete. Diese Orte badischer Gemütlichkeit mit ehrlicher Küche und heimischem Wein im echten Vierteleglas findet man immer noch.

Die badische Küche ist in gewisser Weise ein Spiegelbild der unterschiedlichen politischen Besitzungen und Einflussbereiche, denen der Landstrich ausgesetzt war. Österreichisch sind die Mehlspeisen mit süßen oder sauren Pfannkuchen, die Linzertorte, schwäbisch ganz sicher die hier verfeinerten Maultaschen und Spätzle. Schweizerisch vielleicht der unendliche Umgang mit der Kartoffel vom einfachen Brägel (Bratkartoffeln) bis zu den ‚Gschwellten' (Pellkartoffeln) und dem Kartoffelsalat. Elsässisch sind dagegen die

Fischrezepte und die Zubereitung von Innereien, wie der ‚Kuttlen' (Sulz), sauren Leberle, Nierle oder Kalbsbriesle. Unzählige ‚badische' Kochbücher weisen heute den Weg zu den typischen Gerichten.

Und heimische Köche werden nicht müde zu betonen, dass die badische Küche eigenständige Kochkunst vorzuweisen habe. Über Baden funkeln unbestritten deutschlandweit die meisten Gourmetsterne – mehrere Restaurants spielen in der kulinarisch höchsten Liga und finden sich in allen Gourmetführern ausgezeichnet.

Links:
Heimischen Fisch gibt es in Baden zur Genüge – hier als „Forelle blau".

Oben:
Badische Gemütlichkeit zeigt sich vor allem in der Gastfreundschaft und einem gedeckten Tisch.

Ganz rechts oben:
Die Badische Küche ist geprägt von französischen und österreichischen Einflüssen. Nirgendwo in Deutschland funkeln so viele Gourmet-Sterne wie über badischen Gasthäusern und Restaurants.

Ganz rechts unte
Entlang der Badische Spargelstraße kann ma im Frühjahr zusehen, w das königliche Gemüs gestochen wir

KULINARISCHES BADEN

Ursprünglich war die badische Küche, wie in anderen Landstrichen auch, zuerst eine Küche der ‚armen Leute' – gekocht wurde, was man aus Anbau oder Sammeltätigkeit mühsam gewann. Aber der landwirtschaftliche Reichtum und die klimatischen Bedingungen lassen in Deutschlands Südwesten eben fast alles gedeihen. Und all das findet sich danach auf den Speisekarten – vom bodenständigen Wirtshaus oder der Straußenwirtschaft (von Winzern saisonal geöffneter Gastbetrieb, in dem der selbst erzeugte Wein verkauft wird) bis hin zum ausgewählten Gourmet-Restaurant – wieder. Im Frühjahr eine Bärlauchsuppe, Löwenzahnsalat mit Kracherle (geröstete Weißbrotwürfel), Spargel mit den berühmten ‚Kratzede' (zerrissene Pfannkuchen). Im Sommer ein Kirschplotzer (süßer Auflauf), Ochsenfleisch mit Rahnensalat (Rote Bete) und Meerrettichsoße, ein Sauerbraten mit breiten Nudeln, eingemachtes Kalbfleisch mit weißer Soße oder gefüllte Kalbsbrust. Doch auch Bodenseefelchen, Barsche, Hechte oder Forellen finden den Weg auf den Tisch. Im Herbst reicht man Wild und Pilze, Baden-Badener Rehrücken, Hirsch, Fasan, Ente, eine Kartoffel- oder Mehlsuppe. Überhaupt mag man die Suppen hier besonders gerne: Flädlesuppe (mit Pfannkuchenstreifen), Nudelsuppe, Markklößlesuppe, Ribbelesuppe (Fleischbrühe mit einer Einlage aus zwischen den Händen zerriebenem Teig aus Mehl und Ei), Brotsuppe oder ein Schneckensüpple. Zu dem neuen Wein gehört der unvermeidliche Zwiebelkuchen, der ungeheure Magen-Darm-Aktivitäten auslösen kann.

Rechts oben:
Geräucherter Speck, Blut- und Leberwurst und ein im Holzofen gebackenes Brot – guten Appetit!

Rechts:
Zum Neuen Wein gehört ein Zwiebelkuchen.

SCHÄUFELE UND SAUMAGEN

Im Winter erfreuen eine üppige Schlachtplatte mit Sauerkraut und Erbsenpüree oder ein Schäufele (Schweineschulter) mit Heu gekocht oder im Brotteig eingebacken, weiter nördlich schon ein Pfälzer Saumagen. Schwarzwurzeln, den Spargel des armen Mannes, sollte man, wie Sellerieschnitzel oder das aus Dinkel gewonnene Grünkernküchle, nicht verschmähen.

Und mit den Weckmännern (bis zu 20 cm große Hefeteigmännchen), dem Quittenbrot, den Birnenwecken (Früchtebrot) und den zahlreichen ‚Weihnachtsguzzele' (Plätzchen), wie den nach der Großherzogin benannten Hildabrötle, findet das kulinarische badische Jahr sein Ende.

Die Badener sind Schleckermäuler; somit stellen der Nachtisch oder das Dessert den glanzvollen Schlusspunkt eines Essens dar. Es muss ja nicht immer die weltberühmte Schwarzwälder Kirschtorte sein; einen saisonalen Obstkuchen mit einem ‚Dünneteig', ähnlich dem elsässischen Flammenkuchen, gibt es in allen erdenklichen Ausführungen, belegt mit Zwetschgen, Mirabellen und Äpfeln. Dampfnudeln, Gelberübentorte, Kartoffel- oder Apfelküchle mit Apfelmus und Grießpflutten (Grießschnitten) mit Zwetschgenkompott lassen die Augen des Badeners höchst verzückt und versunken in Kindheitserinnerungen aufleuchten.

Unten:
In Vogtsburg-Oberrotweil am Kaiserstuhl wechseln sich natürlich angelegte Weinterrassen mit den großen Flächen der Rebumlegung ab – Oberrotweiler Spätburgunder und Grauburgunder gehören zu den Top-Weinen Badens.

Seite 38/39:
Die Hexenlochmühle bei Furtwangen stammt aus dem Jahre 1825 und betrieb mit ihren beiden Mühlrädern früher eine Säge – heute werden in ihr vor Ort gefertigte Uhrengehäuse hergestellt und verkauft.

Rechts oben:
Burkheims Mittelstadt mit Tor und Rathaus von 1604 beherbergt einmal im Jahr den Burkheimer Künstlermarkt. Über Burkheim erhebt sich seit 1561 die Ruine des Schlosses von Lazarus Schwendi, der sich besonders um den Anbau des Ruländers verdient gemacht haben soll.

Rechts Mitte:
Jechtingens bevorzugte Lage am Westhang des Kaiserstuhls erkannten schon die Menschen der Jungsteinzeit – Gräberfunde aus der Zeit von 3500 v.Chr. belegen dies.

Rechts unten:
Der „mons brisiacus", Breisach, wurde in einer Schrift des Kaisers Valentinian I. 369 zum ersten Mal erwähnt. Im St. Stephansmünster, das im 15. Jahrhundert vollendet wurde, sind eine Wandmalerei Martin Schongauers und der berühmte geschnitzte Altar eines unbekannten Meisters zu bewundern.

Hexenloch
13
KUCKUCKSUHREN

Links oben:
Im Langenordnachtal bei Titisee-Neustadt zeugen mächtige Schwarzwaldhöfe von einer uralten Streusiedlung.

Links Mitte:
Um das ‚Balzer Herrgöttle' bei Furtwangen winden sich zahlreiche Geschichten – der Buchenstamm umschließt den aus Buntsandstein gefertigten Christus fast völlig.

Links unten:
Mit und aus Holz kann man fast alles machen: Häuser bauen, Werkzeug und Arbeitsgeräte herstellen. Findige Schwarz-

wälder Tüftler bauten daraus sogar die erste Kuckucksuhr. Aber man kann es in den langen Wintern auch einfach im Holzofen verbrennen.

Unten:
Von Breitnau bietet sich über das Höllental und die Ravennaschlucht hinweg eine ungehinderte Sicht auf den höchsten Berg des Schwarzwaldes, den 1493 Meter hohen Feldberg.

Rechts:
Winterstimmung am Thurner – oft sind dann die Temperaturen in der sonnigen Höhe auf 1000 Metern erheblich höher als unten im Tal – Inversion heißt dieses Phänomen, das die Ausflügler in Scharen auf die Höhe zieht.

Unten:
Die Natur gestaltet den Wasserfall in Triberg zu einem Kunstwerk.

Oben:
Keine Fata Morgana und kein Polarlicht, sondern Schwarzwaldtannen im Joostal bei Titisee-Neustadt.

Links:
Hans Thoma, Wilhelm Hasemann, Hermann Dischler, Karl Bartels, Carl Hauptmann setzten in ihren Werken poetisch um, was ihnen die Natur wie hier am Schluchsee an Licht und Farbe bot.

Oben:
Nach getaner Arbeit geht der Badener gerne auch in ein Wirtshaus zum Viertele oder zum Bier, um den Lauf der Welt zu diskutieren. Die Namen der Gasthäuser in Kirchennähe verweisen oft auf biblische Zusammenhänge (Lamm, Engel), aber auch auf ehemalige Herrschaften und deren Wappen (Adler, Hirsch) oder auf die Funktion des Hauses als „Post".

Rechts:
Beim Holzofenbrot wird das brennende Holz beiseite geschoben, so dass der Brotteig auf den warmen Steinen, nur von Glut umgeben, zu einem köstlichen Bauernbrot gebacken wird.

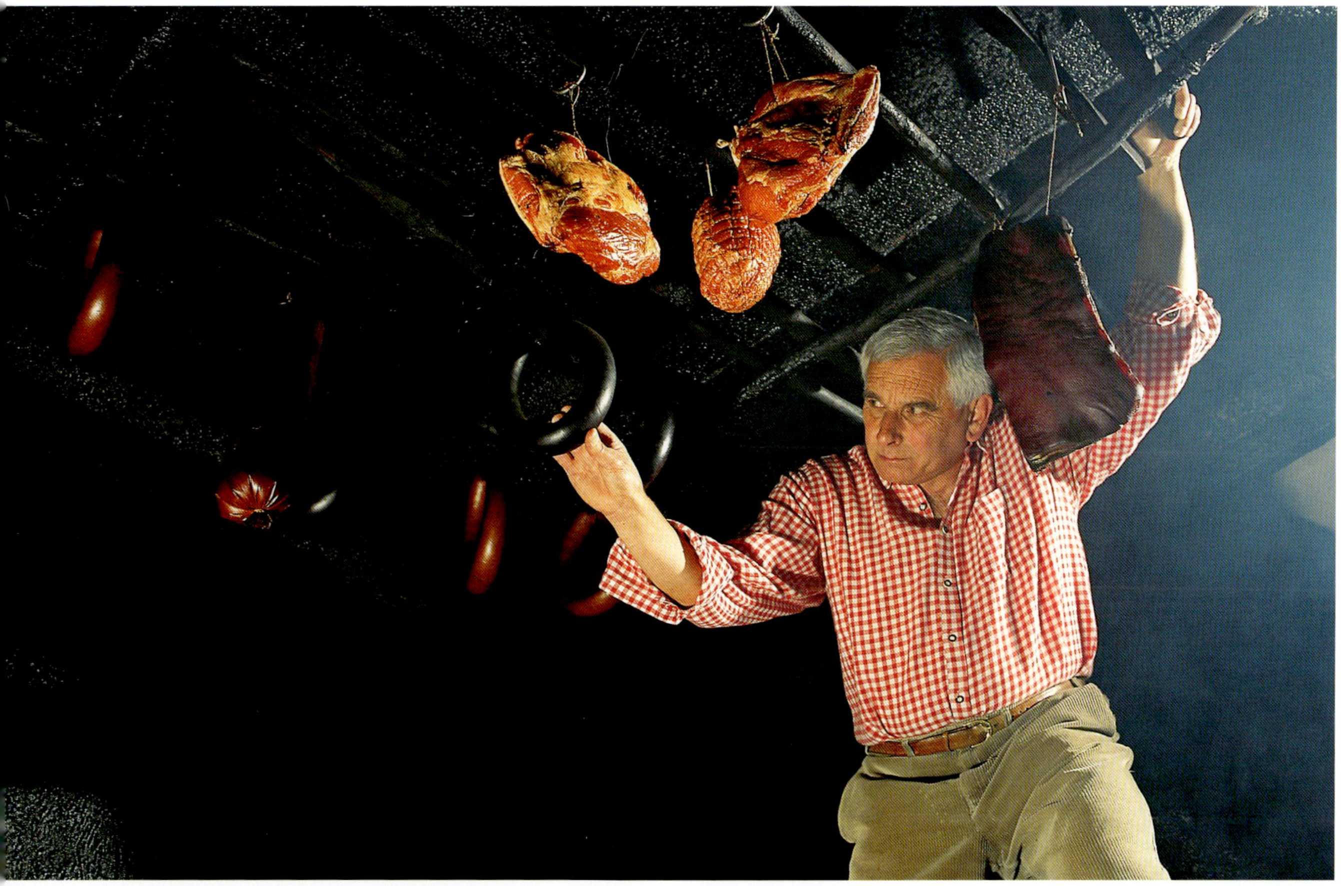

Im kalten Rauch, wobei jeder Bauer hier sein eigenes Hausrezept mit Tannenzweigen und Wacholderbeeren hat, reifen Speck und Schinken langsam und erhalten so ihren markanten Geschmack.

Links:
Nach einer Wanderung gibt es nichts Schöneres als ein deftiges Vesper – benötigt werden nur ein scharfes Messer und ein Holzbrettchen.

Ganz links:
Ein guter Speck muss durchwachsen, von Fett durchzogen sein.

Links:
Die badische Nudelsuppe ist nur dann ein stärkender und wohlschmeckender Genuss, wenn mehr Augen heraus schauen als hinein.

VON WASSER UND WEIN

Karl Heinz Johner aus Bischoffingen am Kaiserstuhl gehört zu den Stars der badischen Winzer. Als Quereinsteiger hat er zusammen mit seiner Frau Irene erst Anfang der 80er Jahre sein eigenes Weingut gegründet und noch eines in Neuseeland dazu.

Bekannt ist Baden wegen seiner Weine, und es gäbe also keinen Grund, ausgerechnet hier Wasser zu trinken. Doch Wasser kommt in zahlreichen Bächen, Flüssen und Seen vor und zwar in reiner und klarer Form. Die Sünden der Industrialisierung hat man langsam wieder gutmachen können – der Bodensee ist der Trinkwasserspeicher Stuttgarts geworden. Doch Baden hat flüssiges Gold unter der Erde – Mineralwasser wird an zahlreichen Standorten gefördert und steht in seinem Rang edlen Tafelwassern in nichts nach. Namhafte Quellen füllen Wasser unterschiedlicher Zusammensetzungen ab, die man auf den Tischen der Restaurants wieder findet.

Gutes Wasser benötigt man aber auch zum Bierbrauen. Es waren vor allem Klostermönche, die sich der Kunst des Brauens zuwandten, denn Bier konnte auch zur Fastenzeit getrunken werden. Aus dieser Lust am Biergenuss erwuchsen in Baden sehr viele Brauereien, die es zum Teil zu Kultstatus und national bekannten Marken bringen konnten. Das Rothaus Tannenzäpfle wird bis nach Berlin und in den Kölschhochburgen ausgeschenkt – das Fürstenberg Bier aus Donaueschingen hatte, aufgrund der guten Beziehungen zum Kaiserhaus, das Privileg, exklusiv in der Luft und auf der Schiene angeboten zu werden. Während sich die großen und größeren circa 40 Brauereien (meist noch im Familienbesitz) immer mehr zusammenschließen, versuchen sich sehr viele kleine Hausbrauereien an einem nur dort hergestellten und zu genießenden Bier. Bier ist dem Badener dabei das alkoholische Sommergetränk, das Getränk des Werktages. Wein hingegen ist das Sonntagsgetränk, es kann – wie der leichte badische Gutedel aus dem Markgräflerland – aber auch schon vor dem Mittagessen genossen werden.

DIE BADISCHE WEINSTRASSE

Was wächst da sonst noch an der Badischen Weinstraße? Sie führt auf 180 Kilometern Länge von Baden-Baden bis Weil am Rhein und feierte vor kurzem ihren 50. Geburtstag. Baden ist mit seinen 16000 Hektar Rebfläche auf 316 Lagen das drittgrößte Anbaugebiet Deutschlands. Allgemein wird es in neun geografische Bereiche unterteilt. Tauberfranken, Badische Bergstraße, Kraichgau, Bodensee, Ortenau, Breisgau, Kaiserstuhl, Tuniberg und Markgräflerland heißen die Weinregionen Badens.

In Baden verbinden sich Wärme, Sonnenscheindauer und Niederschlagsmenge in idealer Weise miteinander, so dass exzellente Weine hervorgebracht werden. So lohnt es sich, auf Genießertour zu gehen, denn Baden ist das einzige deutsche Weinanbaugebiet, das in der anspruchsvollen europäischen Weinbauzone B eingestuft ist. Zu dieser Zone gehören unter anderem das Elsass, die

Ganz links: *Auf dem Weingut des Markgrafen von Baden in Durbach in der Ortenau wächst der als Riesling ausgebaute Klingelberger – hier ist das Mekka der badischen Rieslingfans.*

Links: *Das von den Brüssler Bürokraten bedrohte badische Kleinbrennerrecht geht auf einen Erlass des Straßburger Bischofs von 1726 zurück, der das private Schnapsbrennen*

– BADENS FLÜSSIGE KÖSTLICHKEITEN

Champagne und das Loiretal. Insgesamt liegt der Weißweinanteil bei guten 70 Prozent, der Anteil des roten Weines ist im Steigen begriffen. Ebenso der Anteil an leckeren Winzersekten. Es sind, von Süd nach Nord, vor allem die Burgundersorten in all ihren Schattierungen vom Weiß- bis hin zum Kaiserstühler Grauburgunder, die angebaut werden. Müller-Thurgau, Silvaner, Traminer und besonders der Klingelberger genannte Riesling in der Ortenau machen Furore, während um Durbach, Waldulm, Kappelrodeck und Sasbachwalden die schönen Spätburgunder gedeihen. Rund 75 Prozent der Weine werden in Winzergenossenschaften ausgebaut, die zum Teil ebenso renommiert und preisgekrönt auftreten wie ihre selbst vermarktenden Kollegen Privatwinzer. Der Badische Winzerkeller in Breisach wurde geschaffen, um vor allem für Großabnehmer als Ansprech- und Handelspartner zu fungieren. In über 50 Jahren hat er sich zu Europas größter Weinerzeugerkellerei entwickelt; hier werden die Trauben von 3000 Hektar Rebfläche verarbeitet.

Vor allem nach einem guten Essen sorgt ein Schnaps für einen harmonischen Abschluss; also noch ein badisches Wässerle, das den Reigen der flüssigen Köstlichkeiten nochmals steigert. Aus was macht man hier nicht alles Alkohol? Wildbeeren werden zu Schnaps gebrannt oder wie die Himbeere als Geist verkostet, der Topinambur, der ‚Rossler‘, ist der einzige Schnaps, den auch Diabetiker vertragen. Und erst das Schwarzwälder Kirschwasser – Kirsche, Quitte, Williams-Birne oder Zwetschge finden ihre vollendete Veredlung in gebrannter Form.

rlaubte, um das nicht erarbeitete Obst auf gehaltvolle“ Weise zu onservieren. Oberkirch n der Ortenau ist mit ast 900 Brennereien die Kleinbrenner-Hochburg adens.

Oben: *Die Pfarrkirche St. Mauritius aus dem 15. Jahrhundert im Weinort Oberbergen. Baden ist das einzige deutsche Weinbaugebiet, das in der europäischen Weinbauzone B liegt, also vergleichbar mit dem Elsaß, der Champagne und dem Loire-Tal. Der Weißweinanteil liegt bei etwa 65 Prozent.*

Rechts: *Die badische Staatsbrauerei Rothaus, zwischen Schluchsee und Grafenhausen gelegen, hat mit ihrem „Tannenzäpfle“ inzwischen bundesweit Kultstatus erreicht.*

Unten:
Schwarzwaldidylle – noch immer gibt es die alten und gut erhaltenen Höfe, wie hier am Titisee.

Seite 48/49:
Auf dem 1493 Meter hohen Feldberg markiert der ehemalige Sendeturm das Bild. Wurde vor 50 Jahren noch heftig um seinen Bau gestritten, wehrt man sich nun gegen den Abriss, da der Feldberg ohne ihn um sein Erkennungszeichen beraubt wäre. Das älteste deutsche Naturschutzgebiet kann mit einem modernen Bildungszentrum aufwarten, in dem eine sehenswerte Ausstellung einen Einblick in diesen vielfältigen Natur- und Kulturraum gibt.

Rechts oben:
Die steilen Hänge machen es manchmal auch heute noch nötig, das Gras mit der Sense zu mähen.

In Achern gibt es da[s] Sensenmuseum mit zahl[-] reichen „scharfen" Aus[-] stellungsstücke[n].

Rechts Mitte:
Im „Schnidesel“ werden Holzstücke eingeklemmt und die Holzschindeln für das Haus bearbeitet.

Rechts unten:
Die „Kunst“ (Kachelofen) steht im Wohnzimmer und wird von der Küche aus beheizt – eine ausgeklügelte Leitungsführung wärmt alle bewohnten Räume des Bauernhofes. Die „Kunst“ trägt ihren Namen vom lateinischen Heizungssystem des „hypo caustum“.

Oben:
Hinterzarten ist seit dem legendären Olympiasieg von Georg Thoma (1960) so richtig zum Wintersportplatz geworden – namhafte Skispringer wählten den Ort zu ihrem Wohnsitz und mit dem Bau der Adlerschanze, die sommers wie winters genutzt werden kann, fanden sie auch gute Trainingsbedingungen vor.

Rechts:
Der Feldsee am Feldberg ist ein Überbleibsel der Eiszeit und das Musterbeispiel eines Karsees.

Oben:
Todtmoos im südlichen Schwarzwald ist seit dem 14. Jahrhundert als das Ziel von Wallfahrten in die Pfarrkirche St. Mariä Himmelfahrt bekannt. In den letzten Jahren finden hier bei ausreichendem Schnee auch Schlittenhunderennen statt.

Links:
An der Stelle des Nonnenmattweihers zwischen Neuenweg und Badenweiler soll der Sage nach ein Frauenkloster gestanden haben, deren Nonnen sich zu eng mit Mönchen eines nahegelegenen Klosters einließen. Zur Strafe versanken beide Klöster im Erdboden. Aus dem See soll deshalb hin und wieder leises Glockenläuten zu hören sein.

Unten:
St. Peter wurde vor über 700 Jahren von den Zähringern als Kloster und als Grablege gegründet – das große Klosterareal der Benediktiner beherbergt die imposante Rokoko-Klosterbibliothek und das Priesterseminar der Erzdiözese Freiburg. Die ursprüngliche Klosterkirche brannte mehrfach ab und die jetzige wurde nach einem Entwurf des Barockbaumeisters Peter Thumb zwischen 1724 und 1727 errichtet.

Kleine Bilder rechts: *Die Frauentracht in St. Peter ist durch den seit 1600 getragenen Schäppel gekennzeichnet. Sie wird in der Familie weiter gegeben oder in geduldiger und sorgfältiger Arbeit immer noch von Hand gefertigt.*

Rechts:
Oberhalb Hinterzarten liegt der weit auseinander gezogene Weiler Alpersbach.

Unten:
Auf so einem abgelegenen Hof im Münstertal spielte die Fernsehserie ‚Schwarzwaldhaus 1902', in der die Berliner Familie Boro versuchte, mit den Unbilden des Lebens vor 100 Jahren zurecht zu kommen.

Oben:
Der Belchen (1414 Meter) trägt seinen Namen vom keltischen Sonnengot Belenos und ist eingebunden in das „Belchensystem“, elsässischen „petit“, „grand“ und „Ballon d’Alsace“ und des nordschweizerischen Belchen. Vom Ballon d’Alsace aus gesehen, geht bei Tag- und Nachtgleiche die Sonne genau hinter dem Schwarzwald-Belchen auf.

Links:
Der lebhafte Luftkurort Titisee liegt dort, wo einst die Geröllwälle des Feldberggletschers das Schmelzwasser zum heutigen Titisee aufstauten.

Oben:
Der Elzacher „Schuttig“ zieht seit 1503 an Fastnacht durch die Straßen Elzachs – über 1000 rotgewandete Narren tragen Larven, die sieben unterschiedliche Gestalten repräsentieren.

Rechts:
In der Keramikstadt Zell am Harmersbach schlüpft man in das „Fasend-Häs“ und erweckt am Fasend-Sonntag den Narro aus dem Narrengrab am Storchenturm.

Links:
Eine Besonderheit ist der Wolfacher „Wohlauf", das Narrenwecken in der Frühe des Schellenmontags, wie der Rosenmontag heißt. Hunderte von Narren in Nachthemden und weißen Zipfelmützen machen einen solchen Lärm, dass auch der letzte Schläfer aus seinen Federn fliegt – dabei wird der „Wohlaufmann" in seinem Bett durch die Stadt gefahren und an allen Plätzen, an denen früher der Nachtwächter sang, singt er nun sein „Wohlauflied".

Unten:
Die Besen- und Fasendverbrennung symbolisiert auf dem Marktplatz in Gengenbach im Kinzigtal das Ende der närrischen Saison und den Beginn der Fastenzeit.

Unten:
Im Münstertal liegt das imposante Klostergebäude St. Trudpert, das auf eine Gründung des irischen Mönches Trudpert im Jahre 643 zurückgehen soll und als das erste rechtsrheinische Kloster um 815 geweiht wurde. Die Kirche verdankt ihre barocke Architektur Peter Thumb, der ihr von 1709 bis 1722 das jetzige Aussehen gab.

Rechts oben:
St. Ulrich ist eine Klostergründung des heiligen Ulrich von Zell um 1090, die dann 1560 zur Abtei St. Peter kam.

Rechts Mitte
Zur Römerzeit stand au[f] dem Burgberg in Staufen ein Kastell, auf dem di[e] Zähringer im 11. Jahrhundert ihre Burg erbauten, um den Silberbergbau im Münstertal zu

schützen. Um 1539 kam ·n Staufen der historische Doktor Faustus auf ungeklärte Weise ums Leben – Anton von Staufen hatte ihn zu sich bestellt, um Gold herstellen zu lassen.

Rechts unten: *Vom Barockschloss Bürgeln im Markgräflerland hat man eine wunderbare Sicht ins nahe Elsaß und bis zu den Alpen. Dadurch wurden wahrscheinlich auch die Herren von Kaltenbach bewogen, hier eine Kapelle zu errichten, die dann 1125 an das Kloster St. Blasien fiel mit der Auflage, eine klösterliche Niederlassung einzurichten.*

Oben:
Efringen-Kirchen liegt im Markgräflerland am Naturschutzgebiet des Isteiner Klotz und wurde erst 1942 aus zwei Orten zusammengeschlossen. Mit privaten Weingütern und der 1953 gegründeten Bezirkskellerei Markgräflerland zählt man als größter Gutedel-Erzeuger der Republik.

Rechts:
Den Gutedel brachte Markgraf Karl Friedrich von Baden vor über 200 Jahren von seinen Studien am Genfer See mit und er ist bei sorgfältigem Ausbau ein leichter Essensbegleiter.

Auggen folgt seit 1989 den Prinzipien des umweltschonenden Weinbaus mit einer Dauerbegrünung zwischen den Rebzeilen und dem Verzicht auf Insektizide und Herbizide. Der „Auggener Schäf" ist bekannt als gehaltvoller Gutedel.

Mit jedem Tag Sonne im Herbst gewinnt der Wein an Öchslegraden und das freut den Winzer…

Oben:
Die Obst- und vor allem Kirschblüte verwandelt das Eggener Tal in ein wahres Blütenmeer.

Rechts:
Die ‚Louffen' (Laufen) oder Stromschnellen des Rheins gaben Laufenburg in Deutschland und in der Schweiz ihren Namen. Die beiden Städte sind erst seit Napoleon und durch den Frieden von Lunéville 1801 staatlich getrennt. Gefeiert wird immer noch zusammen, so auch die alemannische Fastnacht der Laufenburger Narro-Alt Fischerzunft, die seit 1386 besteht.

Oben:
Im 7. Jahrhundert gründete Fridolin Kirche und Kloster in Säckingen. Das Münster wurde 1346 erbaut, später barockisiert. „Der Trompeter von Säckingen" heißt das Versepos von Joseph Victor von Scheffel, das 1854 erschien und ab 1884 als Oper zahlreiche Aufführungen erlebte. Über 400 Jahre alt ist Säckingens gedeckte Holzbrücke.

Links:
Schliengen im Markgräflerland ist bekannt durch seinen guten Wein und das Wasserschloss Entenstein, das der Gemeinde heute als Rathaus dient. Die Pfarrkirche St. Leodegar wurde 1752 – 1755 erbaut und gründete auf einer romanisch-gotischen Vorgängerkirche.

Seite 66/67:
Das Alte Schloss mit dem Dagobertturm überragt Meersburg am Bodensee, im 12. Jahrhundert erbaut, gilt es als das älteste bewohnte Schloss in Deutschland. Im Innern gibt es 28 Museumsräume, darunter auch die Gedenkstätte an die Dichterin Annette von Droste-Hülshoff, die 1848 in Meersburg verstorben ist.

Als König der Hegauvulkane wird der 690 Meter hohe Hohentwiel bei Singen bezeichnet. Er besteht aus Phonolith (Klingstein) und manchmal findet man auch Nathrolith, einen Halbedelstein, der sonst nur noch in Japan vorkommt.

Seit dem 9. Jahrhundert war der Hohentwiel eine herzogliche Pfalz und Sitz eines Klosters, bis Ulrich von Württemberg im Bauernkrieg um 1530 den Berg besetzte und die Burg zu einer der sieben württembergischen Festungen ausbauen ließ.

Oben:
Der wuchtige Basaltberg des Hohenhewen prägt mit seinen 846 Metern Höhe den Hegau und gab ihm auch den Namen – auf seinem Gipfel befindet sich die Stammburg derer von Hewen, die aber schon 1639 zerstört wurde.

Links:
Der kleinste Hegauberg ist der Hohenkrähen (644 Meter). Die Burg erbauten die Herren von Friedingen 1191, doch schon 1634 wurde sie zerstört und nicht wieder aufgebaut. Ihr Unwesen treibt aber die Sagengestalt des Poppele vom Hohenkrähen, deren Wirken immer noch lebendig ist.

Oben:
Den Konstanzer Hafen schmückt seit 1993 die heftig umstrittene „Imperia“ des Künstlers Peter Lenk – die sich drehende zehn Meter hohe und 18 Tonnen schwere freizügige Kurtisane hält in ihren Händen einen nackten Kaiser und einen nackten Papst und ist eine Erinnerung an das Konzil in Konstanz, das 1414 – 1418 stattfand.

Rechts:
„Engen, Tengen, Blumenfeld sind die schönsten Städt' der Welt“, wobei Engen als Sitz derer von Hewen seit dem 11. Jahrhundert belegt ist. Es lag an einer wichtigen Straßenkreuzung zwischen Schaffhausen und Stockach sowie auf dem Weg vom Bodensee nach Geisingen und in die Baar.

Oben:
Die Reichenau ist eine fünf Kilometer lange Insel im Untersee des Bodensees mit den drei Dörfern Unter-, Mittel- und Oberzell. Bekannt ist das Gemüse der fruchtbaren Insel, die Karl Martell dem heiligen Pirmin um 700 schenkte.

Links:
Kulturdenkmal im Gemüsefeld: Die Reichenau war ab dem 9. Jahrhundert eines der Zentren abendländischer Kultur und auch Politik – die romanische Stiftskirche St. Georg in Oberzell, die im Innern ottonische Wandmalereien aus dem 10. Jahrhundert birgt, ist Ausdruck dieser ehemaligen Bedeutung.

Links oben:
Salem hat einen Namen als Sitz der „Schloss-schule", die in den frühen 20er Jahren als reform-pädagogisches Land-erziehungsheim auf Initiative und Förderung des Prinzen Max von Baden (1867-1929) mit Kurt Hahn (1886-1974) gegründet wurde.

Links Mitte:
Großherzog Friedrich von Baden hatte schon einen Park auf der Mainau anlegen lassen,

den dann Graf Lennart Bernadotte ab 1932 zu einer touristischen Attraktion entwickelte.

Links unten:
Auf 45 Hektar breitet die Insel Mainau ihre Blumenpracht aus und jährlich 2 Millionen Besucher erfreuen sich an der bunten Fülle.

Unten:
Das Schloss in Salem bietet Zeugnisse aus 700 Jahren aus Kunst und Kultur – wer es tierischer mag, der wechsle zum nahen Affenberg mit über 300 Berberaffen.

Am 15. August, dem Tag Mariä Himmelfahrt, am „Kräuterbuscheltag", werden in manchen Orten, wie hier in Gengenbach, Kräuter, Früchte und Zweige in der Kirche geweiht. Meist werden die Pflanzen nach dem Kirchgang in Haus und Stall verstreut oder im Hausfirst angebracht.

In Bühl blühen die Zwetschgenbäume der Sorte „Blaue Königin". Um 1890 brachte man die Frucht zum ersten Mal in großen Mengen auf den Markt, sie wurde vor allem im Rheinland verkauft. 1927 gab es das erste Bühler Zwetschgenfest, das bis heute am zweiten Wochenende im September gefeiert wird.

Oben:
In Oberkirch wachsen die Obstbäume auch an den Hängen des Schwarzwaldes. Ihre Früchte werden zu köstlichen Schnäpsen und Bränden verarbeitet.

Links:
Über die Murg spannt sich in Forbach die längste freitragende Holzbrücke Europas – das Original von 1778 wurde inzwischen grundlegend saniert.

Unten:
Im Weinort Durbach in der Ortenau werden auf traditionelle Art auch Winzersekte hergestellt, die den Vergleich mit dem großen Bruder aus Frankreich nicht zu scheuen brauchen.

Rechts oben:
Um Durbach führt durch die Rebberge ein Weinlehrpfad, der alles Wissenswerte zu Rebschnitt, Bodenpflege und Rebschutz erklärt und vor allem auf die besonderen Bedingungen der Hanglagen hinweist, die hier zum Teil bis zu 80 Prozent Steigung besitzen.

Rechts Mitte
Baden ist bekannt fü seine Schnäpse un Obstbrände. Ein gan besonderer Schnaps is der „Rossler", der auch i

Kappelrodeck gebrannt wird. Sein eigenwilliger Geschmack beruht auf dem Topinambur, einer kartoffelähnlichen Knollenpflanze.

Rechts unten: Kappelrodeck im Achertal wird überragt von Schloss Rodeck, auf dem die sagenumwobene „Hex vom Dasenstein“ geboren worden sein soll. Vor allem die Rotweine, die unter ihrem Namen verkauft werden, verzaubern jeden Genießer.

Oben:
Der Markt in Offenburg bietet ein vielfältiges und buntes Angebot heimischer Erzeugnisse.

Rechts:
Offenburg veränderte mit dem Bau der Großherzoglichen Badischen Staatseisenbahn 1844 und mit der Industrialisierung sein Gesicht erheblich – die Stadttore wurden abgerissen, der Stadtgraben zugeschüttet, alles war auf Wachstum angelegt. Die Kreuzung der Straßen von Villingen nach Straßburg und von Basel nach Karlsruhe beförderte den Handel und die Entwicklung als Messestadt – Offenburg ist zudem seit 1950 ein wichtiger Medienstandort.

Oben:
Die Burg Ortenberg war 1240 staufischer Verwaltungs- und Steuermittelpunkt, doch schon 1246 eroberte sie der Straßburger Bischof. 1326 wurde sie an die badischen Markgrafen verpfändet und 1678 zum ersten Mal zerstört. Von 1838 bis 1843 ließ sie ein Privatier aus Riga für 1,5 Millionen Gulden wieder aufbauen. Heute dient das Gebäude als Jugendherberge.

Links:
In Urloffen wird der Meerrettich in Massen geerntet. Das Wurzelgemüse schmeckt nicht nur gut, sondern ist auch gesund. Er wirkt blutkreislaufanregend, hustenlösend und wird äußerlich als Breiumschlag angewandt.

Links oben:
In Baden-Baden am Battert liegt das Alte Schloss, das Schloss Hohenbaden. Es ist das Stammschloss der badischen Markgrafen.

Links Mitte:
Im Kurhaus von Baden-Baden, das Friedrich Weinbrenner 1821- 1824 errichtete, wurde 1855 die Spielbank eröffnet. Sie gilt als eine der schönsten der Welt.

Links unten:
Unter dem Pächter Edourd Bénazet wurden um 1855 vier neue prächtige Spielsäle gestaltet, alle nach dem Vorbild französischer Schlösser.

Unten:
Die Besichtigung des Casinos von Baden-Baden ist täglich vor Spielbeginn möglich.

TRADITION SEIT RÖMISCHER ZEIT –

Die Maurische Halle von Bad Wildbad entstand um 1900 und besticht durch Jugendstilelemente, wie hier bei den Außenfenstern.

Fern der Heimat wollte der römische Legionär wenigstens ein bisschen Komfort genießen. Wo könnte er diesen nach des Tages Mühen mit den Barbaren besser als in einem warmen Bade finden? Meist waren Quellen schon bei den Kelten mythische Kultstätten, aber eben nur das – die Römer wussten den Segen der warmen und heilenden Quellen ganz praktisch zu nutzen.

Glanzvoller badischer Mittelpunkt heilender Wasser ist sicherlich Baden-Baden. Die Römer brachten ab 197 n. Chr. unter den Kaisern Hadrian und Antoninus die Badekultur in die Aquae Aurelia im Tal der Oos. Mehrere Thermen gelangen hinter dem Friedrichsbad aus etwa 2000 Metern Tiefe an die

Oberfläche und das mit einer konstanten Temperatur um die 60°C. Von der römischen Badepraxis her haben die Stadt und später das Land Baden durch den Sitz der Markgrafen ihren Namen bekommen. Die Stadt Baden, die sich erst seit 1527 Baden-Baden nannte, wurde in der Mitte des 19. Jahrhunderts zu dem, was man ein Weltbad nennt. Gekrönte Häupter, Literaten und Musiker gaben sich die Ehre. Die Pferderennen wurden zur Unterhaltung der illustren Gäste 1858 in Iffezheim ins Leben gerufen und die Spielbank erbaut, die zu den schönsten der Welt gehört. Dostojewski spielte dort leidenschaftlich um

Links: *Bad Dürrheim ist ein Soleheilbad – hier lagern riesige Salzvorkommen, die seit 1825 abgebaut werden und seit 1850 einen regen Kurbetrieb in Gang setzten. Das Solemar wurde 1987 erbaut.*

Oben: *Bad Wildbad war das Bad der württembergischen Herzöge und wurde, als diese zu Königswürde gelangten, zum Staatsbad – heute bietet das Palais Thermal fürstliches Badevergnügen.*

Rechts oben: *Nicolaus Friedrich von Thouret gestaltete das Graf-Eberhard-Bad von 1840 – 47 mit seinem abgetrennten Fürsten-, Herren- und Frauenbad von Bad Wildbad.*

Rechts Mitte *Die Trinkhalle vo[n] Baden-Baden wurd[e] 1839 – 1842 errichte[t] und die offene Säulen[-] halle mit 14 Fresken au[s] der badischen Sagenwe[lt] verzier[t]*

BÄDERKULTUR IN BADEN

Rechts unten:
Die Cassiopeia-Therme ist der letzte Stand Badenweiler Badetechnik. Die große römische Badruine ist von einem Glasdach beschützt und liegt direkt unterhalb des ehemaligen Markgrafenbades von 1875 im weitläufigen Kurpark.

sein Hab und Gut und begründete den heute wieder erwachten großen Andrang russischer Gäste rund um das Kurhaus, die Lichtentaler Allee und das Festspielhaus.

Alle Abwechslungen und Zerstreuungen sind erlaubt, um Gesundheit wiederzufinden oder zu erhalten, Schönheit zu pflegen oder um es sich einfach gutgehen zu lassen. Der Begriff der Wellness trifft, trotz englischer Herkunft, das badische Lebensgefühl. Das heilende Wasser zum Baden oder innerlich angewendet verspricht Linderung bei Beschwerden und wirkt vorbeugend. Vielleicht ist es auch nur der Wunsch, sich eine Auszeit zu gönnen und sich einmal intensiv um seinen Körper und seine Seele zu kümmern. Dies ist in Baden in traditionsreichen und jüngeren Badeorten möglich.

Eine ähnliche Tradition wie Baden-Baden weist Badenweiler auf – dem Friedrichsbad entspricht das Markgrafenbad. Die beeindruckende Badruine aus dem 2. bis 3. Jahrhundert n. Chr. ist unter einem gläsernen Himmel zu besuchen, ebenso wie die imposante Gartenanlage mit ihrer gewaltigen Baumpracht. Und Badenweiler hatte mit Tschechow ebenfalls einen berühmten Russen zu Gast.

SOLE – DAS WEISSE GOLD

Bad Dürrheim und Bad Rappenau sind Sole-Heilbäder. 1822 machte man in Dürrheim die ersten Bohrungen und stieß in 122 Metern Tiefe auf ein mächtiges Steinsalzlager. In Bad Rappenau begann man etwa zu der gleichen Zeit, die Heilkraft des salzhaltigen Wassers zu entdecken. Die Sole, das weiße Gold, wird mit einem sehr hohen Kochsalzanteil von 27 Prozent gewonnen und dann mit Quellwasser auf ein verträgliches Maß verdünnt – es wirkt, indem man in ihm badet oder es inhaliert.

Nicht Salz, sondern Erdöl suchte man 1911 in Krozingen und förderte ‚nur' Wasser zutage, das allerdings meterhoch aus dem Boden schoss. Die ersten Kurgäste badeten in den ‚Nena-Quellen', heute genießt man das Bade- und Saunavergnügen in der ‚Vita Classica' der Stadt Bad Krozingen. Eine besondere Entspannung bietet das mehrstündige japanische Bad mit der anschließenden Aroma-Wellness-Massage.

Drei Thermen bilden die Säulen der Erholung in Bad Bellingens ‚Balinea', das erst 1956 auf seinen sprudelnden Schatz aufmerksam wurde. Das Oberrheinische Bädermuseum in Bamlach zeigt die Entstehung und den Verlauf der Badegeschichte. Am Hochrhein darf sich die Trompeterstadt Säckingen seit 1978 mit dem Zusatz ‚Bad' schmücken. Die Badetradition lässt sich jedoch bis ins 18. Jahrhundert feststellen. Der Rippoldsauer Sauerbrunnen ist schon seit 1490 dokumentiert, und der Ort Bad Rippoldsau-Schapbach, ein Mineral- und Moorbad im wildromantischen Wolftal, bewog Rainer Maria Rilke und Victor Hugo zu ihren Aufenthalten. Ebenfalls am Fuße des Kniebis liegt Bad Peterstal-Griesbach, dessen Badetradition sich bis in das Jahr 1584 zurückverfolgen lässt.

Der damalige römische Legionär würde sich vermutlich verwundert die Augen reiben, sähe er die Entwicklung, die er einst angestoßen hatte.

Rechts:
Von 1710 – 1712 entstand das Lustschloss Favorite bei Rastatt nach den Ideen der Markgräfin Sibylla Augusta.

Unten:
Unterschiedlich gefärbter Stuckmarmor bei der Fußbodengestaltung, ein Spiegelkabinett mit gebogenen Gläsern, Halbedelsteine, die in Intarsien an den Wänden verarbeitet wurden, und eine vollständig erhaltene Porzellansammlung machen Favorite zu einem außergewöhnlichen Kleinod.

Oben:
Das Rastatter Barock-schloss sollte nach dem Willen des Türkenlouis Markgraf Ludwig Wilhelm von Baden zum Versailles Badens werden.

Links:
Auf dem Laternenturm des Rastatter Schlosses steht der Blitze schleudernde Jupiter, der im Volksmund allerdings nur der ‚goldene Mann' heißt.

Unten:
Über Altensteig, dem Fachwerkstädtchen im Schwarzwald, thront das Alte Schloss, das im 13. Jahrhundert als Schutzburg gebaut wurde.

Rechts oben:
Schiltach liegt an der deutschen Fachwerkstraße und beherbergt in seinen Mauern das Flößermuseum, das Apothekenmuseum und ein Museum zur Badekultur.

Rechts Mitte:
Am Calwer Marktplatz wurde Hermann Hesse 1877 geboren – Calws berühmtester Sohn und meistgelesener deutschsprachiger Autor des

20. Jahrhunderts hatte ein gespaltenes Verhältnis zu seiner Geburtsstadt. Der Literaturnobelpreisträger von 1946 kam nur selten zu Besuch.

Rechts unten: *Im Schloss in Neuenbürg wird Wilhelm Hauffs Märchen vom kalten Herz zum Leben erweckt und das Besucherbergwerk „Frischglück“ lockt unter die Erde – hier die alte Mühle an der Enz.*

Oben:
Das ehemalige Benediktinerkloster Hirsau wurde als das deutsche Cluny bezeichnet, da von hier aus die dortigen Reformgedanken in ganz Deutschland verbreitet wurden. Die ersten Mauern wurden bereits 830 errichtet; die Ruine gibt eine malerische Kulisse für die Hirsauer Klosterfestspiele.

Rechts:
So wie die in Triberg gefertigten Kuckucksuhren fortwährend ticken, so stetig läuft das Wasser den Triberger Wasserfall hinab.

Oben:
An der legendären Schwarzwald Hochstraße liegt der 17 Meter tiefe Mummelsee, um den sich eine reiche Sagenwelt rankt.

Links:
Die dreischiffige romanische Säulenbasilika der Klosterkirche St. Benedikt in Alpirsbach wurde zwischen 1095 und 1125 aus rotem Sandstein erbaut. Die Alpirsbacher Klosterkonzerte nutzen ihre einzigartige Akustik.

BURGEN, KLÖSTER UND MONDÄNE

Das Heidelberger Schloss aus dem 11. Jahrhundert und die Universität, die 1386 gegründet wurde, bestimmten die Geschichte und das Bild der Stadt. Ludwig XIV. ließ Heidelberg mit dem Schlachtruf „brûlez le Palatinat" (Verbrennt die Pfalz) 1693 vollständig zerstören.

Nordbaden lebt durch seine Kontraste – das badische Frankenland, scherzhaft als ‚Badisch Sibirien' betitelt, bildet mit seiner landwirtschaftlich geprägten Struktur den Gegenpol zum mondänen Baden-Baden. Hier wie da waren die Römer: Beim späteren Bad Wimpfen, dort wo die Jagst in den Neckar mündet, errichteten Legionäre ein Limes-Kastell – in Baden-Baden förderten sie die Badekultur.

Zahlreiche Burgen und Ruinen säumen den Neckar hinunter nach Heidelberg. Auf der Burg Hornberg bei Neckarzimmern schrieb Götz von Berlichingen seine Memoiren, die auch jenen ‚schwäbischen' Gruß enthielten, der demnach eher ein fränkischer wäre... In der Fachwerkstadt Mosbach steht das reich verzierte Palmsche Haus. Der Odenwald mit der Stadt Buchen und dem Wallfahrtsort Walldürn sowie der Kraichgau mit Bruchsal und seinem Barockschloss zeugen von der reichhaltigen Geschichte gerade unter pfälzischem Einfluss. Die Melanchthonstadt Bretten, Fausts Geburtsstadt Knittlingen und das Kloster Maulbronn, dessen Klosterschule Hermann Hesse leidvoll beschrieb, bilden mit dem romantischen Heidelberg den kulturellen Mittelpunkt. Die industriellen Zentren Nordbadens sind die Städte Pforzheim, Karlsruhe und Mannheim. Die Barock- und Hafenstadt Mannheim, angelegt nach einem quadratischen Stadtplan, geht in dieser Form auf Kurfürst Friedrich IV. von der Pfalz zurück; und Karlsruhe mit seinem fächerförmig vom Schloss ausgehenden Straßensystem hat seinen Ursprung in einem Traum des Markgrafen Karl-Wilhelm. Pforzheim, die Pforte zum Schwarzwald, ist die Schmuckhauptstadt Deutschlands, während die Lustschlösser in Schwetzingen und Schloss Favorite bei Rastatt glänzende Höhepunkte setzen.

Hätten sich manche geschichtsbewusste Bürger um 1810 nicht heftig gewehrt, wäre das Heidelberger Schloss bis auf die Grundmauern abgetragen und seine Steine in der aufstrebenden Stadt verbaut worden.

Vom 15. Jahrhundert bis nach dem 30-jährigen Krieg setzte jeder Herrscher einen nach ihm benannten Gebäudeteil dazu – so kam es zum Ludwigsbau, dem Ruprechtsbau, dem Ottheinrichsbau und dem Friedrichsbau.

Im Ottheinrichsbau des Schlosses von Heidelberg ist in zehn Räumen das deutsche Apotheken-museum mit wertvollen Ausstellungsstücken untergebracht.

Die Renaissancefassade des Heidelberger Schlosses ist eines der wenigen bedeutenden Zeugnisse dieser Baukunst im süddeutschen Raum und sonst eher an kirchlichen Bauten zu finden.

Unten:
Der Friedrichsplatz von Mannheim ist im Jugendstil gehalten und wird vom 60 Meter hohen Wasserturm sowie den Wasserspielen bestimmt. Gestaltet wurde die Anlage zum 300-jährigen Bestehen der Stadt 1906.

Rechts oben:
Im großen Wasserbecken des Friedrichsplatzes befinden sich zwei massige Skulpturen, die Zentauren darstellen.

Rechts Mitte
Das barocke kurfürst liche Residenzschloss vo Mannheim liegt mit de Rückseite zum Rhei und öffnet sich zur Stad

*die sich in ihren recht-
winkligen und alphabe-
isch durchnummerierten
Straßen zum Neckar hin
erstreckt.*

Rechts unten:
Reiche Verzierungen am Schloss von Mannheim zeigen einerseits den Sinn der Auftraggeber für das Schöne, demonstrieren aber auch gleichzeitig den Willen der Kurfürsten, ihre unumschränkte Macht zum Ausdruck zu bringen.

Oben:
Im Mannheimer Hafen legen auch Ausflugsschiffe an, die Rundfahrten auf Rhein und Neckar anbieten.

Rechts:
Der Mannheimer Hafen erfüllt zwischen Neckar und Rhein, aber auch im europäischen Zusammenhang zwischen Mittelmeer und Nordsee eine wichtige Aufgabe als Umschlagplatz für Güter aller Art.

Links:
Mit der Begradigung durch Johann Gottfried Tulla (1770 – 1828) wurde der Rhein immer mehr in Kanäle gezwängt.

Unten:
Romantisch ist das Leben der Kapitäne der zahlreichen Lastkähne schon lange nicht mehr – auch hier zählt die Lieferung ‚just in time' und die Konkurrenz zu den Kapitänen der Straße ist groß.

Die Schlossanlage Schwetzingens umfasst 73 Hektar. Die stattliche Mittelallee symbolisiert als Achse der Anlage das barocke Lebensgefühl. Umgeben von der kargen Sandebene, ließ Kurfürst Carl Theodor (1742 – 1799) in mehreren Bauabschnitten von 1750 an den Garten nach dem Vorbild von Versailles anlegen. Die Arbeiten endeten erst im Jahre 1788.

Das Schloss in Schwetzingen sah manch rauschendes Fest, denn Carl Theodor war ein sinnenfroher Herrscher. Mit seiner Konkubine Louise von Degenfeld hatte er 13 Kinder. Der junge Mozart und Casanova, Voltaire und Schubart und viele andere waren hier zu Gast.

In der Mittelachse befindet sich jene Tiergruppe, die wegen ihrer wasserspeienden Hirsche manch Spott auf sich zog. So schrieb Karl Julius Weber: „Zwar spritzen selbst zu Rom ..., Löwen und Bienen Wasser, wie zu Nürnberg die Jungfern, aber nur Delfine und Walfische mögen ohne Sünde gegen die Natur Wasser spritzen."

Krönender Höhepunkt der Werke des Gartenkünstlers Nicolas de Pigage ist die von 1778 bis 1795 errichtete Moschee mit zwei Minaretten, die in den türkischen Garten führt. Das in Deutschland einmalige Bauwerk wurde als Zeichen der religiösen Toleranz und der Aufklärung interpretiert.

Seite 100/101:
Das mittelalterliche Ladenburg, über Jahrhunderte Bischofssitz der Wormser Bischöfe, wurde von allen Kriegswirren verschont und konnte so seine Bausubstanz – zum Teil aus dem 13. Jahrhundert – erhalten. Die Mariensäule und das Neunhellersche Haus von 1541 bestimmen das Bild des Marktplatzes.

DR. FUCHS'SCHE APOTHEKE
1724
1682
1662
1612

Chr.
Ausbildung

Rechts:
Das Melanchthonhaus in Bretten, von Hermann Billing 1897 bis 1903 erbaut, steht an der Stelle des Geburtshauses des berühmten Reformators Philipp Melanchthon (1497 – 1560).

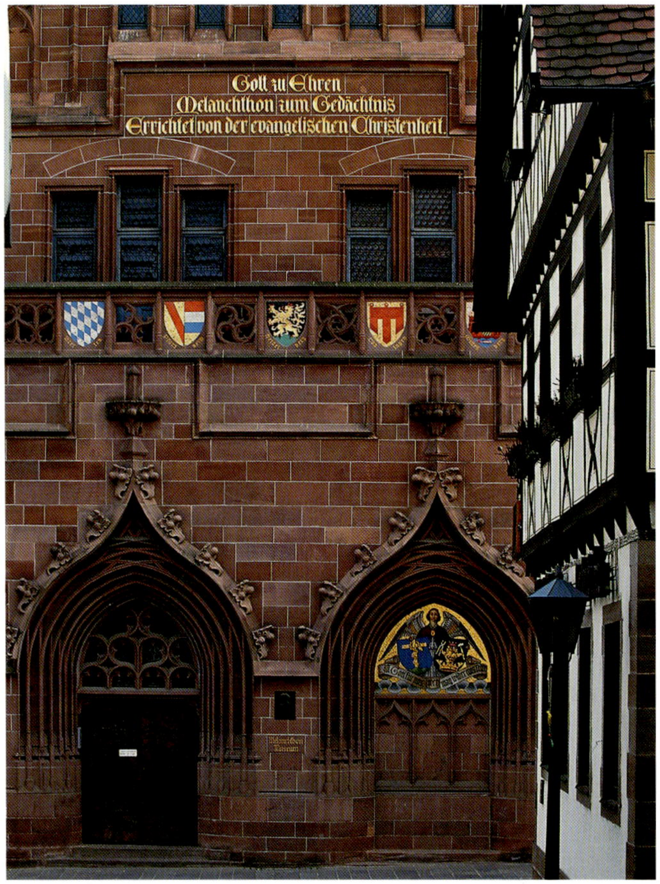

Ganz rechts:
Das Wahrzeichen Brettens ist das Brettener Hundle, das seit dem 23. September 1880 auf seinem Brunnendenkmal in der Melanchthonstraße sitzt. Der Sage nach wurde bei einer Belagerung ein Hund gemästet, zum Zeichen, dass es den Bewohnern Brettens noch sehr gut gehe. Der fette Hund bewirkte den Abzug der feindlichen Truppen.

Das Fachwerkhaus stammt aus dem Anfang des 18. Jahrhunderts, ist aber auf einem Keller erbaut, der die Inschrift trägt: „Hans Heberer 1549". Johann Michael Heberer war wohl der erste Reiseschriftsteller Deutschlands.

Oben:
Im Erdgeschoss des Melanchthonhauses in Bretten befindet sich die Gedächtnishalle, die in gotischer Form ein Kreuzrippengewölbe aufweist und mit Szenen aus dem Leben des Reformators bemalt ist.

Links:
Das Städtezimmer in Bretten zeigt an Decke und Wänden 121 geschnitzte Wappen der Städte, mit denen Melanchthon in Verbindung stand.

Oben:
Selbst für eine barocke geistliche Residenz ist das Bruchsaler Schloss recht üppig ausgefallen – seit 1722 ließ sie Damian Hugo von Schönborn erbauen. Selbst als das Schloss an Baden fiel, hatten die Bischöfe darin noch Wohnrecht.

Rechts:
Der Marmorsaal im Bruchsaler Schloss ist nach den Zerstörungen des 2. Weltkrieges wieder völlig hergestellt. Die Arbeiten dauerten von 1950 bis 1993.

Links:
Die Deckengemälde im Bruchsaler Schloss bieten einige interessante optische Effekte, denn es scheint, als bewegten sich beim Auf- und Abgehen des Betrachters Augen und Beine der dargestellten Personen.

Unten:
Nur wer sich ins Dunkle der runden Grotte wagt, kann auf Balthasar Neumanns barocker Treppe in das Helle steigen. Diese außergewöhnliche Konstruktion war notwendig geworden, da man durch Bauänderungen gezwungen war, auf gleichem Grundriss eine größere Höhe zu erreichen.

BADISCHE KÖPFE

Annette von Droste-Hülshoff (1797 – 1848) entstammte einem altwestfälischen streng katholischen Adelsgeschlecht und starb in Meersburg. Bekannt wurde sie als Autorin der „Judenbuche“ und zahlreicher Gedichte.

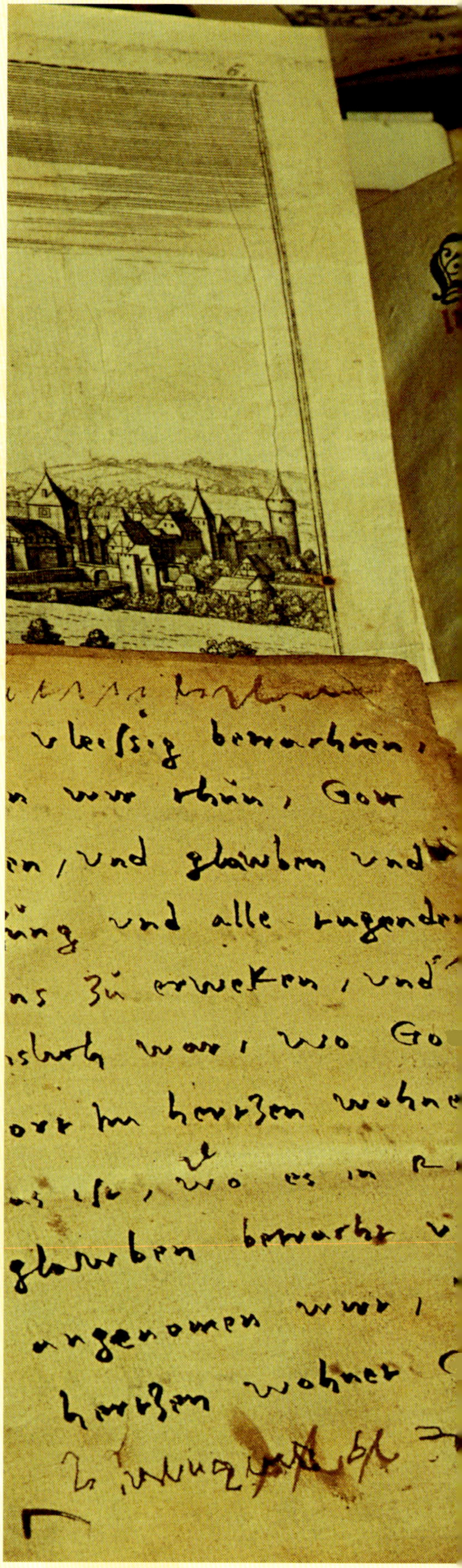

Es ist schon erstaunlich, dass aus dem bodenständigen badischen Land Erfinder stammen, die die menschliche Mobilität beförderten. Carl Friedrich Freiherr Drais von Sauerbronn (1785–1851) fand im badischen Staatsdienst Zeit, eine Laufmaschine, die nach ihm benannte ‚Draisine‘, und damit das erste Fahrrad zu erfinden. Ohne Carl Benz (1844–1926) und seinen Motor wären Autos nicht denkbar. Ferdinand Graf von Zeppelin (1838–1917) ließ die Idee vom lenkbaren Luftschiff nicht los, das dann 1900 über dem Bodensee aufstieg.

Findige Schwarzwälder gründeten 1890 den ersten deutschen Skiclub am Feldberg und fertigten die ersten Schneeschuhe. Deshalb liefen in den 1920er-Jahren weltweit die Winter- und Schneefilme des Freiburger Bergfilmpioniers Arnold Fanck. Die ersten Wintertouristen kamen mit der Eisenbahn, die Robert Gerwig (1820–1885) kühn durch die Schwarzwaldberge baute – Höllental- und Schwarzwaldbahn zeugen von seiner Ingenieurskunst. Nicht nur Bahnhof verstand der Architekt Friedrich Eisenlohr (1805–1854), denn er entwarf alle Bahnhöfe der Rheintalstrecke von Mannheim nach Basel und über 300 Bahnwärterhäuschen der badischen Eisenbahn. Seine Bahnhäusle-Uhr wurde als klassische Kuckucksuhr ein riesiger Verkaufserfolg. Heinrich Lanz (1838–1905) begann in Mannheim in einem Gartenhaus mit dem Betrieb seiner Maschinenfabrik, die sich bald zu einer Weltfirma entwickelte.

Auch im landwirtschaftlichen Bereich hinterließen Badener prägende Spuren: Adolf Blankenhorn (1834–1906) begründete das bis heute in Freiburg bestehende badische Weinbauinstitut; und ohne die in Pforzheim gefertigte Weinwaage des aber aus dem Württembergischen stammenden Ferdinand Öchsle (1814–1897) würde das spezifische Gewicht des Mostes nicht in Öchslegraden gemessen. Der Bunsenbrenner ist fast jedem ein Begriff – Robert W. Bunsen (1811–1899) lehrte die Hälfte seines Lebens in Heidelberg und entwickelte dort die Spektralanalyse.

Der Lauf des Rheins richtete bei Über-

Karl Friedrich Drais von Sauerbronn (1785 – 1851) war der Erfinder der Draisine, des ersten Fahrrades.

Heinrich Hansjakob trug als katholischer Geistlicher immer seinen Heckerhut, der seine liberale Gesinnung zeigen sollte. In zahlreichen Büchern berichtete er von seiner Jugend in Haslach im Kinzigtal und von seinen Reisen.

Joseph Victor Scheffel (1826 – 1886) verfasste zahlreiche Studentenlieder und den berühmten ‘Trompeter von Säckingen’, wo er als Amtmann seinen ungeliebten Dienst versah.

– DICHTER, DENKER UND TÜFTLER

Ganz links: *Im Melanchthonmuseum in Bretten sind die Schriften des badischen Reformators ausgestellt.*

Johann Gottfried Tulla (1770 – 1828) war der Vater der Rheinregulierung, die er in großherzoglichem Auftrag begann.

Ferdinand Graf von Zeppelin (1838 – 1917) begann mit 53 Jahren ein lenkbares Luftschiff zu konstruieren. Am 2. Juli 1900 stieg der erste Zeppelin über dem Bodensee in die Lüfte.

Hans Thoma (1893 – 1924) wurde im abgelegenen Bernau geboren und kam mit einem Stipendium an die Akademie nach Karlsruhe. Im Hans Thoma Museum in Bernau sind zahlreiche Werke ausgestellt.

Carl Benz (1844 – 1926) stammt aus Karlsruhe und verwirklichte in Mannheim in der Neujahrsnacht 1872 auf 1873 seine Idee eines Motors, der eine Droschke ohne Pferd antreiben konnte. 1888 war es dann soweit: Bertha Benz fuhr ohne Wissen ihres Mannes mit ihren Söhnen nach Pforzheim.

schwemmungen immer großen Schaden an, so dass der badische Staat beschloss, Johann Gottfried Tulla (1770–1828) mit der Regulierung und Begradigung des Rheins zu betrauen.

LITERARISCHES BADEN

Doch nicht nur im praktischen Leben, sondern auch in der Literatur haben Badener eine bedeutende Rolle gespielt. Grimmelshausen starb 1667 in Renchen – sein „Abenteuerlicher Simplizissimus“ gilt als der bedeutendste Schelmenroman und beschreibt das satte barocke Leben, das der in Kreenheinstetten bei Meßkirch geborene Johann Ulrich Megerle (1644–1709) später als Hofprediger in Wien unter dem Namen Abraham a Sancta Clara anprangerte. Sein protestantischer Vorläufer und Gegenpart ist Philipp Melanchthon (1497–1560), dessen 500. Geburtstag in Bretten gebührend begangen wurde.

Von Heidelberg gingen zwischen 1795 und 1815 für die deutsche Literatur der Romantik entscheidende Impulse aus: Joseph von Eichendorff, Jean Paul und Achim von Arnim bildeten dort eines der wichtigen Zentren dieser Geistesströmung. Jean Paul urteilte im Stil der Zeit über Heidelberg: „Ich habe hier Stunden verlebt, wie ich sie nie unter dem schönsten Himmel meines Lebens gefunden ...“ Johann Peter Hebel (1760–1826) schrieb in alemannischem Dialekt und wurde so zum Vorbild der badischen Heimatdichtung. In Meersburg verbrachte Annette von Droste-Hülshoff ihre letzten Jahre.

Ludwig Eichrodt (1827–1892) aus Durlach schuf den Begriff des Biedermeier, der dann eine ganze Epoche prägte. Heinrich Hansjakob (1837–1916), der streitbare Pfarrer aus Haslach im Kinzigtal, der wegen seiner liberalen Überzeugung sogar ‚Festungshaft‘ zu verbüßen hatte, erreichte mit seinen Romanen ein Millionenpublikum, ebenso wie Victor von Scheffel (1826–1886) mit dem Versepos des ‚Trompeters von Säckingen‘. Vom Hotzenwald aus unternahm der kleine Schmiedledick seine ‚abenteuerliche Reise‘, aufgeschrieben von der Lehrerin Elisabeth Walter (1897–1956). Das Buch wird als der badische Nils Holgersson bezeichnet.

Arnold Stadler ist heute wohl der bekannteste und erfolgreichste ‚badische‘ Autor und kommt ebenso wie der umstrittene Philosoph Martin Heidegger aus Meßkirch. Der Kulturjournalist Wilhelm Hausenstein (1882–1957) aus Hornberg war nach 1945 erster deutscher Botschafter in Paris.

Links oben: *Karlsruhes Marktplatz wird von der 6,50 Meter hohen Pyramide bestimmt, die sich seit 1825 über der Grablege des Stadtgründers Karl Wilhelm erhebt. Dahinter sieht man die evangelische Stadtkirche, mit deren Bau 1807 begonnen wurde.*

Links Mitte: *Der Schlossgarten von Karlsruhe, der strahlenförmig vom Schloss ausgeht, trennt das herrschaftliche Schloss von*

er Stadt. Die Anlage ist rst seit der Abdankung er badischen Großher- öge 1918 für die Öffent- chkeit zugänglich.

Links unten:
Die Stadthalle am Festplatz ist eines der zahlreichen modernen Gebäude Karlsruhes.

Unten:
1825 wurde von Friedrich Weinbrenner, der Karlsruhe sein klassizistisches Gepräge gab, und Johann Gottfried Tulla die erste Technische Schule Deutschlands gegründet.

__Rechts:__
An den Altrheinarmen lässt sich in Ruhe angeln – sie dienen als natürliche Hochwasserrückhaltesysteme.

__Unten:__
Winteridylle in der Rheinebene: Zahlreiche Vögel, wie der Kormoran, überwintern an den fischreichen Gewässern – sehr zum Leidwesen der Angler.

Oben:
In den Rheinauen bei Rust kann man sich von den Fischern in Stocherkähnen befördern lassen.

Links:
Nur noch wenige Fischer betreiben ihren Beruf auf dem Rhein – aber ihr Auskommen ist besonders durch die Veredlung der Fänge gesichert. Fischpasteten oder geräucherte Spezialitäten finden Abnehmer im Direktverkauf und in Restaurants.

Der Ort Maulbronn liegt idyllisch im Salzachtal, nicht weit von Pforzheim. Die Siedlung entstand erst im 19. Jahrhundert und erhielt 1886 das Stadtrecht.

Linke Seite:
Das Kloster Maulbronn wurde um 1100 gegründet. Seit 1556 war es auch Evangelische Klosterschule. Einer der Schüler war Hermann Hesse, der sich seine leidvollen Erfahrungen in der Novelle „Unterm Rad" von der Seele schrieb.

Das Zisterzienser-Kloster Maulbronn wurde 1993 in die Liste des Weltkulturerbes der UNESCO aufgenommen. Es zählt zu den besterhaltenen Klosteranlagen in Deutschland.

Seite 114/115:
Neckargemünd, das hübsche Städtchen am Neckar und gerade einmal 10 Kilometer von Heidelberg entfernt, wurde erstmalig 988 unter dem Namen „Gmundi" urkundlich erwähnt. Um 1230 erhob König Heinrich VII. die Siedlung zur Reichsstadt. Diesen Status verlor Neckargemünd 1395 durch die Eingliederung ins pfälzische Territorium wieder.

HOTEL RITTER
BENO

Anton
Palm
Gute Noten für Sicherheit

Seite 116/117:
Mosbach, zwischen Neckar und Odenwald gelegen, bietet in seiner Altstadt eine geschlossene Fachwerkkulisse. Das Palm'sche Haus ist das bekannteste, aber ebenso sehenswert sind das Rathaus von 1557 und die Stiftskirche aus dem 14. Jahrhundert.

Die Altstadt von Tauberbischofsheim beherbergt neben zahlreichen herrlichen Renaissancehäusern das Kurmainzische Schloss (links im Bild) aus dem 13. Jahrhundert, in dem heute das Tauberfränkische Museum untergebracht ist.

Der Krötenbrunnen in Tauberbischofsheim heißt „Bischemer Kröten" – gleichzeitig der Neckname der Einwohner der Stadt.

Linke Seite:
Wertheim im altfränkischen Bauland – die verträumten Plätze der Stadt und die alten Fachwerkhäuser werden vom Schloss aus dem 12. Jahrhundert überragt.

Oben:
Über den Marktplatz Wertheims hat man den Blick zum Zobel-Fachwerkhaus.

Rechts:
In der Altstadt von Wertheim dominiert das Fachwerk.

Oben:
Der Handel in Wertheim war bestimmt von der Lage am Main als zentraler Verkehrsverbindung zwischen Ost und West. Durch Napoleon wurde der Fluss zur bayerisch-badischen Grenze und aus der ehemaligen Residenz eine Stadt in Randlage.

Links:
Die Fischerhäuser am Flussufer sind nicht nur für die Freizeitkapitäne eine interessante Kulisse – die Stadt ist heute mit einem Hafen an die Groß-Schifffahrtsstraße Rhein-Main-Donau angebunden.

REGISTER

HESSEN
Würzburg
Main
Freuden-
berg
Wertheim
Külsheim
Tauber
Tauber-
bischofsheim
Worms
O d e n w a l d
Hardheim
Walldürn
Weinheim
Buchen
Königshofen
Mannheim
Schriesheim
Kaiserslautern
Ludwigshafen
Ladenburg
Eberbach
Boxberg
Neckar
Brühl
Heidelberg
Osterburken
PFALZ
Neustadt
a.d. Weinstraße
Schwetzingen
Neckar-
gemünd
Adelsheim
B a u l a n d
Speyer
Hockenheim
Mosbach
Walldorf
Wiesloch
Waibstadt
K r a i c h g a u
Philippsburg
Waghäusel
Sinsheim
Bad
Rappenau
Landau
Bad
Wimpfen
Graben-
Neudorf
Kirchardt
Rhein
Linkenheim-
Hochstetten
Bruchsal
Eppingen
Heilbronn
Schwäbisch-
Hall
Weingarten
Bretten
Karlsruhe
Rheinstetten
Ettlingen
Königsbach
Durmers-
heim
Malsch
Pforzheim
Ludwigsburg
Rastatt
Gaggenau
Stuttgart
FRANKREICH
Sinzheim
Baden-
Baden
Bühl
Murg
Calw
Ottersweier
Bühlertal
Böblingen
SCHWABEN
Achern
Hornisgrinde
1164m
Forbach
Strasbourg
Kehl
Renchen
Appenweier
Oberkirch
Neckar
Schutter-
wald
Offenburg
Oppenau
Tübingen
Freudenstadt
Reutlingen
Kinzig
Gengen-
bach
Bad Peterstal
Friesen-
heim
DEUTSCHLAND
Lahr
BADEN
Ulm
Wolfach
Herbolz-
heim
Ettenheim
Haslach
Hausach
Rhein
Kenzingen
Hornberg
Albstadt
Elzach
Endingen
Emmendingen
Rottweil
Triberg
St. Georgen
Colmar
Kaiserstuhl
557m
Waldkirch
Kandel
1242m
Denzlingen
Sigmaringen
Breisach
Furt-
wangen
Villingen
Schwenningen
Donau
Biberach
Freiburg
Tuttlingen
Ebnet
Kirchzarten
Messkirch
Donau-
eschingen
Bad
Krozingen
S c h w a r z w a l d
B r e i s g a u
O r t e n a u
Titisee-
-Neustadt
Geisingen
Feldberg
1493m
Hüfingen
Pfullen-
dorf
Heiters-
heim
Belchen
1414m
Löffingen
Todtnau
Schluchsee
Müllheim
Engen
Stockach
Aach
Bonndorf
Blumberg
Schönau
Schluchsee
Frickingen
H e g a u
Schliengen
St. Blasien
Bodman
Überlinger See
Todtmoos
Stühlingen
Singen
Überlingen
Kandern
Radolfzell
Ravensburg
Zell
Uhldingen
Efringen-
Kirchen
Schaffhausen
Schopfheim
Markdorf
Untersee
Konstanz
Meers-
burg
Wehr
Waldshut-
-Tiengen
Weil
Lörrach
Albbruck
Friedrichshafen
Rheinfelden
Rhein
Basel
Laufenburg
B o d e n s e e
Grenzach-
Wyhlen
Bad Säckingen
SCHWEIZ
Winterthur
Lindau
N

Blumenschmuck an einem Bauernhaus im Schwarzwald – das Kreuz als Zeichen der Frömmigkeit, als Dank für gute Ernte und als Schutz für Haus und Hof.

Impressum

Buchgestaltung
hoyerdesign grafik gmbh, Freiburg

Karte
Fischer Kartografie, Aichach

Printed in Germany
Repro: Artilitho, Trento, Italien
Druck und Verarbeitung: Offizin Andersen Nexö, Leipzig

ISBN-13: 978- 3-8003-1704-2
ISBN-10: 3-8003-1704-4

Unser gesamtes Programm finden Sie unter:
www.verlagshaus.com

Fotografen
Martin Schulte-Kellinghaus *in Lörrach und* ***Erich Spiegelhalter*** *in Freiburg arbeiten als freie Fotografen. Als Team produzieren sie Diashows zu verschiedenen Reisethemen. Beide haben bereits zahlreiche Bildbände und Reportagen in Zeitschriften und Magazinen veröffentlicht. Im Verlagshaus Würzburg sind von beiden bereits Bücher über den Schwarzwald, die Bretagne, Irland, die Provence und Toskana erschienen.*

Autor
Hubert Matt-Willmatt *lebt in Freiburg und ist als selbstständiger Journalist tätig. Er schreibt für verschiedene Medien, vor allem zu Themen rund um den Tourismus und zur Geschichte und Literatur der Region.*

Stürtz